# 《墨子》詞彙
# 研究之反義關係初探

《MOZI》CIHUI YANJIU ZHI FANYI GUANXI CHUTAN

周婷◎著

西南交通大學出版社
·成都·

圖書在版編目（ＣＩＰ）數據

《墨子》詞彙研究之反義關係初探 / 周婷著. —成都：西南交通大學出版社，2016.8
ISBN 978-7-5643-5019-2

Ⅰ. ①墨… Ⅱ. ①周… Ⅲ. ①《墨子》—反義詞—研究 Ⅳ. ①B224.5②H131

中國版本圖書館 CIP 數據核字（2016）第 215052 號

## 《墨子》詞彙研究之反義關係初探

周　婷　著

| 責　任　編　輯 | 吳迪 |
|---|---|
| 封　面　設　計 | 原謀書裝 |
| 出　版　發　行 | 西南交通大學出版社<br>（四川省成都市二環路北一段 111 號<br>　西南交通大學創新大廈 21 樓） |
| 發　行　部　電　話 | 028-87600564　028-87600533 |
| 郵　政　編　碼 | 610031 |
| 網　　　　址 | http://www.xnjdcbs.com |
| 印　　　　刷 | 四川煤田地質製圖印刷廠 |
| 成　品　尺　寸 | 170 mm × 230 mm |
| 印　　　　張 | 10.75 |
| 字　　　　數 | 185 千 |
| 版　　　　次 | 2016 年 8 月第 1 版 |
| 印　　　　次 | 2016 年 8 月第 1 次 |
| 書　　　　號 | ISBN 978-7-5643-5019-2 |
| 定　　　　價 | 32.00 圓 |

圖書如有印裝質量問題　本社負責退換
版權所有　盜版必究　舉報電話：028-87600562

# 前　言

　　上古漢語是漢語的源頭，上古漢語的詞義系統或隱或顯地制約着後世詞義發展的方向，研究上古漢語詞義的意義重大。從反義同義關係角度來看，相較古漢語同義詞研究，古漢語反義詞的研究比較薄弱，還處於探索階段；古漢語反義詞研究的難度也較大，相較古漢語同義詞，訓釋材料中能為反義詞研究所直接利用的內容非常少，此外，它還涉及詞彙系統、詞義系統、常用詞的演變等諸多領域，需要的理論也是多方面的，所以加強古漢語反義詞研究，是一項比較重要的工作。

　　基於古漢語反義詞研究的重要性，本人選取了上古漢語時期的重要著作《墨子》為研究對象，對《墨子》反義關係進行了初步探索，旨在進一步探索適於古漢語反義詞的研究方法，并為研究漢語史和追溯反義詞的發展演變過程提供一定依據和印證，也希望通過對《墨子》反義關係做的初步探索研究，能為《墨子》詞彙研究乃至古漢語詞彙研究做一點微弱的貢獻。

　　本書以中華書局 2001 年出版的孫詒讓的《墨子閒詁》為底本，對今本《墨子》五十三篇文本中的反義詞進行研究，收詞範圍只限於單音節實詞。首先按照意義標準共找出 202 對單音節實詞反義詞，逐個進行註釋，并考證其反義關係；然後將這些反義詞按詞性和邏輯標準進行分類。需要說明的是，我們贊成以"系聯法"為主，"參照法"為輔，二者結合確認詞的反義關係的判定方法，但主張以意義為一切判定方法之標準，意義決定形式，而不是形式決定其意義。所以，本研究以意義為最終標準在《墨子》全書範圍內找反義詞，不局限於同一句話裡的對舉或連用，也不局限於具體格式。

　　由於本人的研究功底有限，書中難免有疏漏甚至是錯誤之處，懇請專家學者們指正，也懇請讀者原諒。本人將繼續努力，不斷學習向前。

　　這本著作的出版，離不開師長朋友的支持和幫助。感謝本人的碩士生導師楊懷源先生，感謝本人的博士生導師羅昕如先生，你們的教誨和鼓勵是我不斷前進的動力。感謝西南交通大學出版社和本書責任編輯吳迪女士對本書出版的大力支持。

周婷<br>2016 年夏于湖南師範大學

# 目 錄

第一章 緒 論 ······················································································ 1
   第一節 《墨子》概況及研究現狀 ······················································ 1
   第二節 古代漢語反義詞的研究概況 ··················································· 2
   第三節 《墨子》反義詞研究的意義 ··················································· 5

第二章 《墨子》反義詞判定原則 ···························································· 6
   第一節 反義詞的確定標準及認定方法 ················································ 6
   第二節 本書反義詞的收錄範圍 ·························································· 7

第三章 《墨子》反義詞概況及註釋 ························································· 8
   第一節 說 明 ················································································· 8
   第二節 反義詞概況及註釋 ································································ 9

第四章 《墨子》反義詞的分類 ······························································ 121
   第一節 按詞性標準分類 ································································· 121
   第二節 按邏輯標準分類 ································································· 123

第五章 結 语 ···················································································· 126

附 錄 《墨子》反義關係詞條及相關例句簡錄 ········································ 127

參考文獻 ···························································································· 160

# 第一章 緒 論

## 第一節 《墨子》概況及研究現狀

《墨子》是上古漢語時期一部重要的著作，集當時政治、經濟、文化、科學、教育、軍事諸方面思想之大成。《漢書·藝文志》稱《墨子》七十一篇，今本《墨子》實存五十三篇，軼十八篇①。該書的成書時間、作者等爭論頗多。畢沅、孫詒讓、張純一、吳毓江、王煥鑣等學者在《墨子》注疏方面有着顯著的成就。《墨子》一書內容涵蓋面較廣，涉及的學科也較多。相應的，各學科對於《墨子》的研究較多，包括數學、物理學、哲學、軍事學、文學、語言學等學科。語言學科中，方言學、文字學、語法學、詞彙學都有涉及。

方言學方面，蕭魯陽的《墨子元典校理與方言研究》利用了方言來疏證《墨子》②。文字學領域，蘭州大學研究生武丹丹的學位論文《〈墨子〉通假字音關係研究》整理出《墨子》140 組通假字，并從雙聲兼疊韻、雙聲、疊韻、旁鄰紐四個方面作了音義關係上的分析，得出了語音越相似，通假的可能越大的結論③。修辭學方面，黃仁鈺的《簡論〈墨子〉中排比的運用》探究了《墨子》中排比的運用情況④；秦彥士的《〈墨子〉的修辭藝術和人物描寫》闡釋了《墨子》的修辭藝術和人物描寫特色⑤；陳克守的《論〈墨子〉的修辭》概論了《墨子》中的修辭運用⑥；李海英的《〈墨子〉中的"侔"》通過書中"侔"的解釋和運用，來探索《墨子》語言修辭的特點⑦。語法學

---

① 〔漢〕班固編撰，顧實講疏. 漢書藝文志講疏[M]. 上海：上海古籍出版社，2009.
② 蕭魯陽. 墨子元典校理與方言研究[M]. 西安：西安地圖出版社，2003.
③ 武丹丹. 《墨子》通假字音關係研究[D]. 蘭州：蘭州大學，2008（5）.
④ 黃仁鈺. 簡論《墨子》中排比的運用[J]. 江淮論壇，1988（6）.
⑤ 秦彥士. 《墨子》的修辭藝術和人物描寫[J]. 四川師範大學學報，1990（1）.
⑥ 陳克守. 論《墨子》的修辭[J]. 齊魯學刊，2000（6）.
⑦ 李海英. 《墨子》中的"侔"[J]. 修辭學習，2001（4）.

方面的成就稍多。將《墨子》按照詞類展開概述的論文有：皮佳佳的《〈墨子〉動詞配價研究》①，李琦的《〈墨子〉代詞研究》②，唐瑛的《〈墨子〉顏色形容詞研究》③《〈墨子〉形容詞研究》④《〈墨子〉同義形容詞研究》⑤。其中，唐瑛的《〈墨子〉形容詞研究》對單音和複音形容詞進行了詞義類聚和主題分類研究。另外，錢光的《〈墨子〉"是"字用法調查》歸納了《墨子》一書中形容詞"是"、詞素"是"、指示代詞"是"等各種用法的變化發展情況⑥。相關論文還有，亓文香的《〈墨子〉中"以"字結構用法淺析》⑦、李琦的《試論"之"在〈墨子〉中的用法》⑧等。詞彙學方面，錢光的《〈墨子〉複音詞初探》對《墨子》中的複音詞按構詞方式進行了分類⑨。陳雅麗的《論〈墨子〉中的同義複詞》對《墨子》中部分同義複合詞描寫較為細緻深入，但未能呈現這類詞的整體面貌⑩。

# 第二節　古代漢語反義詞的研究概況

## 一、通論性的著作對反義詞的研究

通論性的著作中對反義詞的研究主要是以專章專節來討論反義詞。較早的有代表性的著作是何九盈、蔣紹愚的《古漢語詞彙講話》，其中第八章專門談反義詞，對先秦五部典籍的反義詞進行定量分析，從語音、詞義和語法修辭上分析了它們的特點⑪。後來的著作有：蔣紹愚的《古漢語詞彙綱要》第五章重點闡述了反義詞的判定和反義詞研究的意義⑫；趙克勤的《古代漢語詞彙學》第七部分詳細地闡述了反義詞的分類、特點和運用⑬；高守綱的《古

---

① 皮佳佳.《墨子》動詞配價研究[D]. 長沙：湖南師範大學，2005.
② 李琦.《墨子》代詞研究[D]. 北京：首都師範大學，2008.
③ 唐瑛.《墨子》顏色形容詞研究[J]. 渝西學院學報，2002.
④ 唐瑛.《墨子》形容詞研究[D]. 重慶：西南師範大學，2003.
⑤ 唐瑛.《墨子》同義形容詞研究[J]. 寧夏大學學報（人文社會科學出版），2005（6）.
⑥ 錢光.《墨子》"是"字用法調查[J]. 西南師範大學學報（哲學社會科學版），1988（5）.
⑦ 亓文香.《墨子》中"以"字結構用法淺析[J]. 濟寧師範專科學校學報，2005（5）.
⑧ 李琦.《墨子》代詞研究[J]. 山西財經大學學報，2008（2）.
⑨ 錢光.《墨子》複音詞初探[J]. 甘肅社會科學. 1992（1）.
⑩ 陳雅麗. 論《墨子》中的同義複詞[J]. 西北第二民族學院學報（哲學社會科學版），2001（2）.
⑪ 何九盈，蔣紹愚. 古漢語詞彙講話[M]. 北京：北京出版社，1980.
⑫ 蔣紹愚. 古漢語詞彙綱要[M]. 北京：北京大學出版社，1989.
⑬ 趙克勤. 古代漢語詞彙學[M]. 北京：商務印書館，1994.

代漢語詞義通論》①、許威漢的《二十世紀的漢語詞彙學》②也都從不同層面和角度提及了反義詞。

## 二、以專書或專門語料（甲骨文、金文等）為研究對象的專著對反義詞的研究

以專書或專門語料（甲骨文、金文等）為研究對象的專著中，一般將材料中的反義詞進行語法分類，探討他們的對應關係和梳理詞義發展脈絡，以及分析反義詞的運用特點。何九盈在張雙棣的《〈呂氏春秋〉詞彙研究》的代序中稱其為"國內第一部對古代專書詞彙進行全面描寫的著作"，書中專門有一章談反義詞。該書首先把反義詞分語言反義詞和言語反義詞，然後重點談語言反義詞的分類和運用③。周日建、王小莘的《〈顏氏家訓〉詞彙語法研究》通過對書中的反義詞進行比較分析，揭示了一些詞的詞義發展脈絡④。毛遠明的《〈左傳〉詞彙研究》其中的一章將整理出的反義詞從五個方面作了詳細的解析⑤。另外還有陳年福的《甲骨文動詞詞彙研究》，其中有一節談到甲骨文動詞反義詞的運用特點⑥。

## 三、以論文（包括碩、博論文）形式對反義詞的研究

以單篇論文的形式來探討反義詞的有：周祖謨的《同音詞同義詞和反義詞》（《語文學習》，1956年第5期），魏建功的《同義詞和反義詞》（《語文學習》，1956年第11期），張拱貴的《反義詞及其在構詞上和修辭上的作用》（《中國語文》，1957年第8期），盧甲文的《單音節反義詞的分類和運用》（《語言學論叢》，1981年第8輯），石安石、詹人鳳的《反義詞聚合的共性、類別及不均衡性》（《語言學論叢》，1983年第10輯），趙克勤的《古漢語反義詞淺論》（《語文研究》，1986年第3期），譚達人的《略論反義相成詞》（《語文研究》，1989年第1期），陳建初的《〈列子〉反義詞綜論》（《古漢語研究》，1991年第4期），石毓智的《同義詞和反義詞的區別和聯繫》（《漢語學習》，1992年第1期），宋永培的《〈說文〉對反義同義同源關係的表述與探討》（《河北

---

① 高守綱. 古代漢語詞義通論[M]. 北京：語文出版社，1994.
② 許威漢. 二十世紀的漢語詞彙學[M]. 太原：山西人民出版社，2000.
③ 張雙棣. 《呂氏春秋》詞彙研究[M]. 濟南：山東教育出版社，1989.
④ 周日建，王小莘. 《顏氏家訓》詞彙語法研究[M]. 廣州：廣東人民出版社，1998.
⑤ 毛遠明. 《左傳》詞彙研究[M]. 重慶：西南師範大學出版社，1999.
⑥ 陳年福. 甲骨文動詞詞彙研究[M]. 成都：巴蜀書社，2001.

師範大學學報》，1992年第4期），饒尚寬的《先秦單音反義詞簡論》（《新疆師範大學學報》，1994年第3期），郭健的《金文反義詞的運用》（《廣州師範學院學報》，1996年第2期），陳偉武的《甲骨文反義詞研究》（《中山大學學報》，1996年第3期），黃運明的《甲骨刻辭的反義詞探討》（《江西教育學院學報》，2000年第5期），楊榮祥的《〈世說新語〉中的反義聚合及其歷史演變》（《語言學論叢》，2001年第24輯），李占平的《古漢語專書詞彙研究中反義關係的研究方法》（《西南師範大學學報》，2004年第1期）等。

　　近年來出現一批專門研究古漢語反義詞的碩士、博士学位論文，基本上是專書的反義詞研究。較早的有趙華的碩士論文《〈莊子〉反義詞研究》（山東師範大學2000年），從使用頻率、語義和詞性三個方面逐一進行了描寫①。陳雪梅的碩士論文《〈列子〉反義詞研究》（湖南師範大學2002年）對《列子》中的反義詞進行了細緻的分析②。左文燕的碩士論文《殷墟甲骨文反義詞研究》（首都師範大學2002年）運用二重證據法、詞位研究法等方法詳細地探討了殷墟甲骨文中的反義詞③。另外有兩篇博士論文在專書反義詞研究方面作了不少新的開拓：廖揚敏的博士論文《〈老子〉專書反義詞研究》（四川大學2003年）對《老子》專書中的反義詞，進行了全面、系統、窮盡性研究，對書中105組單音詞實詞反義關係進行了詳細考釋，並在此基礎上對反義詞的理論作了進一步的探討④，李占平的博士論文《〈莊子〉單音節實詞反義關係研究》（四川大學2004年）選取了《莊子》341組反義詞中的100對作為代表進行了解釋說明，并歸納了該書的反義詞顯示的格式，探討了其中反義關係形成的原理⑤。其他的相關論文還有：李娜的碩士論文《〈抱樸子〉反義詞研究》（山東師範大學2003年），楊建軍的碩士論文《〈三國志〉常用反義詞研究》（四川師範大學2004年），黃輝的碩士論文《〈左傳〉反義詞探析》（內蒙古大學2004年），王冰的碩士論文《〈論衡〉單音節反義詞研究》（吉林大學2005年），于江的碩士論文《〈荀子〉反義詞研究》（西北師範大學2005年），李永芳的碩士論文《〈荀子〉單音節反義詞研究》（吉林大學2006年），邱峰的碩士論文《〈颜氏家訓〉反義詞研究》（曲阜師范大學2006年），黃巧玲的碩士論文《〈黃帝内经〉反義詞研究》（湖南師范大學2006年），朱淑媛的碩士論文《〈史記〉單音節反義詞研究》（內蒙古大學2008年），郭倫的碩

---

① 趙華．《莊子》反義詞研究[D]．濟南：山東師範大學，2000．
② 陳雪梅．《列子》反義詞研究[D]．長沙：湖南師範大學，2002．
③ 左文燕．殷墟甲骨文反義詞研究[D]．北京：首都師範大學，2002．
④ 廖揚敏．《老子》專書反義詞研究[D]．成都：四川大學，2003．
⑤ 李占平．《莊子》單音節實詞反義關係研究[D]．成都：四川大學，2004．

士論文《〈周易〉單音節實詞反義詞研究》（河北師範大學 2008 年）。此外，還有更細化的反義詞研究，如張樹芹的碩士論文《〈韓非子〉反義形容詞研究》（河北師範大學 2007 年），以及參照《漢語大詞典》研究專書反義詞的胡春生碩士論文《賈誼〈新書〉反義詞及〈漢語大詞典〉相關條目研究》（湘潭大學 2006 年）。

# 第三節　《墨子》反義詞研究的意義

### 一、進一步探索適于古漢語反義詞的研究方法

上古漢語是漢語的源頭，上古漢語的詞義系統或隱或顯地制約着後世詞義發展的方向，所以上古漢語詞義的研究意義重大。研究現狀是古漢語反義詞研究與古漢語同義詞研究比較相對薄弱，古漢語反義詞的理論研究還處於探索階段。且古漢語反義詞研究的難度較大，相較古漢語同義詞，訓釋材料中能為反義詞研究所直接利用的內容非常少，此外，它還涉及辭彙系統、詞義系統、常用詞的演變等諸多領域，需要的理論也是多方面的。所以加強古漢語反義詞研究，有利於探索符合古漢語反義詞特點的研究方法。

### 二、豐富《墨子》的語言研究

據本人所見資料，先秦諸子專書的反義詞研究有涉及《荀子》《老子》《列子》《孫子》《韓非子》《莊子》的，但少見對《墨子》反義詞進行專題研究的論文和著作。本書的研究可以豐富《墨子》語言研究的成果。

### 三、為研究漢語史、追溯反義詞的發展演變過程提供一定依據和印證

本書對《墨子》中的反義詞進行了考證，可以為研究漢語史、追溯反義詞的發展演變過程提供一定依據和印證。

# 第二章 《墨子》反義詞判定原則

## 第一節 反義詞的確定標準及認定方法

歷史上採用的反義詞認定方法有：

（1）義素分析法。不足之處在於主觀性強，缺乏普遍性。

（2）根據"對文""連文"來確定反義關係。根據"對文""連文"的形式來確認反義關係是比較有效的。但是，這樣的條件就排除掉了不在"對文"或"連文"這樣的格式中的很多具有反義關係的詞。

（3）否定式認定法。楊榮祥對其這樣定義："在具體的句子中，如果甲詞的否定式與乙詞同義，那麼甲詞和乙詞往往構成反義聚合。"[①]這也是判定反義關係的基本方法之一。

以上幾種方法都可以幫助確定詞的反義關係。李占平在《古漢語專書詞彙研究中反義關係的確定方法》一文中主張以"系聯法"為主，"參照法"為輔，二者結合確認詞的反義關係[②]。系聯法主要指使用"對文""連文"以及否定式結構系聯相關的詞語并確定反義關係。參照法是參照相關註釋確定古漢語專書中詞語間的反義關係。

本書贊成李占平提出的判定方法，但我們主張以意義為一切判定方法之標準，系聯法中的對文、連文及否定式結構都由意義決定其形式應用，而不是形式決定其意義；參照法則更是以意義為標準的判定方法。

本書對於反義關係的判定還有以下幾個基本標準：第一，互為反義關係的兩個詞，應字數一致。第二，互為反義關係的兩個詞應屬於同種語法類別及同一概念範圍。第三，互為反義關係的兩個詞至少在一個義項上具有相反

---

[①] 楊榮祥. 《世說新語》中的反義聚合及其歷史演變[M]. 語言學論叢：24輯. 北京：商務印書館，2001.

[②] 李占平. 古漢語專書詞彙研究中反義關係的確定方法[J]. 西南師範大學學報，2004，30（1）.

或相對的關係。本書認定反義關係具體做法如下：首先將每個待確定反義關係的詞在《墨子》原文中的所有句子找出來，然後根據語境中的具體意義歸納出每個詞的義項，最後根據義項之間相反或相對的關係確定各詞之間的反義關係。

## 第二節　本書反義詞的收錄範圍

本書以中華書局 2001 年出版的孫詒讓的《墨子閒詁》為底本，對今本《墨子》五十三篇文本中的反義詞進行研究，收詞範圍只限於實詞，不包括虛詞，實詞中主要收錄名詞、動詞、形容詞，因為這三類詞在反義詞中所占的比重是最大的；另外本書只收錄單音節反義詞，因為《墨子》時代單音節詞是占絕對優勢的。

# 第三章 《墨子》反義詞概況及註釋

本書從《墨子閒詁》中共找出202對單音節實詞反義詞，對其進行客觀系統的描寫，對反義詞進行釋義并考釋其反義關係來源。

## 第一節　說　明

### 亡—昌

《墨子》中"亡"出現49次。義項分別為：①滅亡，死亡。②逃亡。③失去，喪失。④通"忘"，忘記。

《墨子》中"昌"出現2次。義項為：昌盛、興盛。

"亡"的"滅亡、死亡"義項和"昌"的"昌盛、興盛"義項有反義關係。

例1：凡此五者，聖人之所儉節也，小人之所淫佚也。儉節則昌，淫佚則亡，此五者不可不節。（卷一，辭過第六，38）

亡，滅亡。《廣韻·陽韻》："亡，滅也。"《書·仲虺之誥》："取亂侮亡。"孔穎達疏："國滅為亡。"

昌，昌盛，興盛。《廣雅》："昌，盛也。"《書·洪範》："人之有能有為，使羞其行，而邦其昌。"孔傳："功能有為之士，使進其所行，汝國昌盛。"《史記·太史公自序》："夫陰陽四時、八位、十二度、二十四節，各有教令，順之者昌，逆之者不死則亡。"

"亡"的"滅亡、死亡"義項和"昌"的"昌盛、興盛"義項有反義關係。

說明：首先，列出具有反義關係的一對反義詞（如"亡—昌"），分別統計它們在《墨子》中出現的次數，并歸納它們在《墨子》中的所有義項；其次，說明這對詞具體在哪個義項上具有反義關係，并列出《墨子》中具有該反義關係的具體例子，并標明卷篇及在《墨子閒詁》中的頁碼；最後，利用訓詁資料對反義關係進行考釋，力圖證明此反義關係具有根據性。另外，本書所列反義詞的義項主要參考了《墨子大詞典》，但不是完全照搬，對部分不科學的義項，根據文意並參照相關註釋書籍進行了修改。詞條中考釋部分涉及的文獻未單獨標號進行註釋，僅列入參考文獻列表。

## 第二節　反義詞概況及註釋

### 1. 亡—昌

《墨子》中"亡"出現49次。義項分別為：①滅亡，死亡。②逃亡。③失去，喪失。④通"忘"，忘記。

《墨子》中"昌"出現2次。義項為：昌盛、興盛。

"亡"的"滅亡、死亡"義項和"昌"的"昌盛、興盛"義項有反義關係。

例1：凡此五者，聖人之所儉節也，小人之所淫佚也。儉節則昌，淫佚則亡，此五者不可不節。（卷一，辭過第六，38）

亡，滅亡、死亡。《廣韻·陽韻》："亡，滅也。"《書·仲虺之誥》："取亂侮亡。"孔穎達疏："國滅為亡。"

昌，昌盛，興盛。《廣雅》："昌，盛也。"《書·洪範》："人之有能有為，使羞其行，而邦其昌。"孔傳："功能有為之士，使進其所行，汝國昌盛。"《史記·太史公自序》："夫陰陽四時、八位、十二度、二十四節，各有教令，順之者昌，逆之者不死則亡。"

"亡"的"滅亡、死亡"義項和"昌"的"昌盛、興盛"義項有反義關係。

### 2. 亡—得

《墨子》中"亡"出現49次。義項分別為：①滅亡，死亡。②逃亡。③失去，喪失。④通"忘"，忘記。

《墨子》中"得"出現333次。義項分別為：①得到，獲得。②使動用法，使……得到。③得知，得悉。④可以，能夠。⑤得當。⑥染（病）。⑦能愿動詞，要。⑧成功。⑨任用。

"亡"和"得"在"動作失去或得到"這一義位上構成相反意義。具體為

"亡"的"失去、喪失"義項和"得"的"得到、獲得"義項有反義關係。

例2：挈，長重者下，短輕者上，上者愈<u>得</u>，下下者愈<u>亡</u>。（卷十，經說下第四十三，369）

張惠言云："次'下'衍。上，衡也。上得，物重也。下，權也。下亡，權失重也。"案：張說是也。謂上昂之力愈增，則下低之力愈失。所以，"得"，指（重量）增大，即得到了重量；而"亡"則指（重量）失去。

亡：失去。《增韻·陽韻》："亡，失也。"《易·旅》："射雉一矢亡。"孔穎達疏："射之而復亡失其矢。"《新唐書·房玄齡傳》："一日去良弼，如亡左右手。"

得：得到，與"失"相對。《說文·彳部》："得，行有所得也。"《玉篇·彳部》："得，獲也。"《易·乾》："知得而不知喪。"

"亡"的"失去、喪失"義項和"得"的"得到、獲得"義項有反義關係。

### 3. 亡―有（"亡"通"無"）

《墨子》中"亡"出現49次。義項分別為：①沒有。②沒。③不存在。④病愈。

《墨子》中"有"出現43次。義項分別為：①表示"存在"，與"無"相對。②擁有，具有。③持有。④佔有。⑤領有，包含。⑥享有。⑦收取，收有。⑧有的，有人。⑨發現。⑩出現，產生。⑪有依據，根據。⑫設有。⑬"友"之借字。⑭義通"以"，介詞，因，因為。⑮義通"用"。⑯義通"又"，再。⑰義通"由"，由於。⑱助詞。⑲表應答，是。

"亡"和"有"在"存在與否"這一義位上構成相反意義。具體為"亡"的"不存在"義項和"有"的"存在"義項有反義關係。

例3：是與天下之所以察知有與無之道者，必以眾之耳目之實知<u>有</u>與<u>亡</u>為儀者也。（卷八，明鬼下第三十一，223）

亾，吳抄本作"無"。亾，古"無"字。

亡：通"無"。《集韻·虞韻》："無，或作亡。"《說文解字注·亾部》："亾，亦叚借為有無之無。"《論語·雍也》："有顏回者好學……不幸短命死矣。今也則亡，未聞好學者也。"邢昺疏："亡，無也。"

有：與"無"相對。《說文·有部》："有，不宜有也。"段玉裁注："謂本是不當有而有之偁。引伸遂為凡有之偁。"《玉篇·有部》："有，不無也。"《正字通‧月部》："有，對無之稱。"

"亡"的"不存在"義項和"有"的"存在"義項有反義關係。

## 4. 亡—存（"亡"通"無"）

《墨子》中"亡"出現49次。義項分別為：①沒有。②沒。③不存在，與"存"相對。④病愈。

《墨子》中"存"出現49次。義項分別為：①存在。②保存，保留。③體恤。

"亡"与"存"在"存在与否"這一義項上構成相反意義。具體為"亡"的"不存在"義項和"存"的"存在"義項有反義關係。

例4：為，存、亡、易、蕩、治、化。（卷十，經上第四十，316）

例5：身處志往，存亡也。（卷十，經說上第四十二，353）

亡：通"無"。《集韻‧虞韻》："無，或作亡。"《說文解字注‧亾部》："亾，亦叚借為有無之無。"《論語‧雍也》："有顏回者好學……不幸短命死矣。今也則亡，未聞好學者也。"邢昺疏："亡，無也。"

存：存在。《玉篇‧子部》："存，在也。"《公羊傳‧隱公三年》："有天子存。"何休注："存，在。"

"亡"的"不存在"義項和"存"的"存在"義項有反義關係。

## 5. 夭—壽

《墨子》中"夭"出現10次。用作"命短"義。

《墨子》中"壽"出現16次。義項分別為：①壽命。②壽長。

"夭"和"壽"在"壽命長短"這個義位上構成相反意義。"夭"的"命短"義項和"壽"的"壽長"義項有反義關係。

例6：有強執有命以說議曰："壽夭貧富，安危治亂，固有天命，不可損益。窮達賞罰幸否有極人之知力，不能為焉。"（卷九，儒下第三十九，290）

例7：若若是，且夭，非夭也，壽夭也。（卷十一，小取第四十五，419）

夭：命短。《釋名‧釋喪制》："少壯而死曰夭，如取物中夭折也。"《文選‧束皙〈補亡詩〉》："人無道夭，物極則長。"李善注："年未三十而死曰夭。"

壽：壽長。《說文‧老部》："壽，久也。"《詩‧小雅‧天保》："如月之恒，

如日之升，如南山之壽，不騫不崩。"

"夭"的"命短"義項和"壽"的"壽長"義項有反義關係。

## 6. 重—輕

《墨子》中"重"出現93次。義項分別為：①重量"大"，跟"輕"相對。②指重量。③重力。④重心。⑤看重，重視。⑥敬重。⑦鄭重。⑧增加。⑨優厚，多。⑩貴重，價值高。⑪重要，重大。⑫程度嚴重。⑬要事。⑭不輕易。⑮更。⑯優待。

《墨子》中"輕"出現32次。義項分別為：①重量"小"，與"重"相對。②程度輕。③價值低。④輕便，輕快。⑤輕視，輕慢。⑥輕易。

（1）"重"的"重量'大'"義項和"輕"的"重量'小'"義項有反義關係。

例8：舉之則<u>輕</u>，廢之則<u>重</u>，非有力也。（卷十，經說下第四十三，361）

例9：為欲厚所至私，<u>輕</u>所至<u>重</u>，豈非大姦也哉！（卷九，非儒下第三十九，290）

重：重量較大，同"輕"相對。《玉篇·重部》："重，不輕也。"《書·大禹謨》："罪疑惟輕，功疑惟重。"《孟子·梁惠王上》："權，然後知輕重。"

輕：重量不大。與"重"相對。《古今韻會舉要·庚韻》引《廣韻》："輕，重之對。"《正字通·車部》："輕，凡不重者皆曰輕。"《孟子·梁惠王上》："權然後知輕重，度然後知長短。"

"重"的"重量'大'"義項和"輕"的"重量'小'"義項有反義關係。

（2）"重"的"看重、重視"義項和"輕"的"輕視、輕慢"義項有反義關係。

例10：臣下<u>重</u>其爵位而不言，近臣則喑，遠臣則唫，怨結於民心，諂諛在側，善議障塞，則國危矣。（卷一，親士第一，4）

例11：古有亓術者，內不親民，外不約治，以少間眾，以弱<u>輕</u>強，身死國亡，為天下笑，子亓慎之，恐為身薑。（卷十四，備梯第五十六，542）

重：看重，重視。《禮記·緇衣》："臣儀行不重辭。"鄭玄注："重，猶尚也。"

輕：輕視，輕慢。《書·太甲》："無輕民事惟難。"《鶡冠子·天權》："人之輕死，生之故也；人之輕安，危之故也。"這裡的"輕"為"輕視、輕慢"義。

"重"的"看重、重視"義項和"輕"的"輕視、輕慢"義項有反義關係。

（3）"重"的"貴重、價值高"義項和"輕"的"價值低"義項有反義關係。

例12：天子賞罰不當，聽獄不中，天下疾病禍福，霜露不時，天子必且犓豢其牛羊犬彘，絜為粢盛酒醴，以禱祠祈福於天，我未嘗聞天之禱祈福於天子也，吾以此知天之<u>重</u>且貴於天子也。（卷七，天志下第二十八，210）

例13：刀<u>輕</u>則糴不貴，刀<u>重</u>則糴不易。（卷十，經說下第四十三，373）

重：貴重。《廣韻·腫韻》："重，善也。"《儀禮·覲禮》："重賜無數。"鄭玄注："重，猶善也。"

輕：不貴重，賤。《孟子·盡心下》："孟子曰：'民為貴，社稷次之，君為輕。'"

"重"的"貴重、價值高"義項和"輕"的"價值低"義項有反義關係。

（4）"重"的"慎重，不輕易"義項和"輕"的"不慎重，輕易"義項有反義關係。

例14：屬吾銳卒，慎無使顧，守者<u>重</u>下，攻者<u>輕</u>去。（卷十五，襍守第七十一，620）

例15：是若慶忌無去之心，不能<u>輕</u>出。（卷一，七患第五，29）

重：慎重，不輕易。《廣韻·腫韻》："重，慎也。"《荀子·議兵》："重用兵者強，輕用兵者弱。"唐李君球《諫高宗將伐高麗疏》："兵者兇器，戰者危事，故聖主明王重行之也。"引申為不輕易，難。

輕：輕易，不慎重。明堵允錫《救時二十議疏——尊閫鼗之推三》："用勿疑之效，始於用人勿輕。"

"重"的"慎重，不輕易"義項和"輕"的"不慎重，輕易"義項有反義關係。

## 7. 重—虧

《墨子》中"重"出現93次。義項分別為：①重量"大"，跟"輕"相對。②指重量。③重力。④重心。⑤看重，重視。⑥敬重。⑦鄭重。⑧增加。⑨優

厚，多。⑩貴重，價值高。⑪重要，重大。⑫嚴重。⑬要事。⑭不輕易。⑮更。⑯優待。

《墨子》中"虧"出現20次。義項分別為：①虧害，傷害。②減少。

"重"的"增加"義項和"虧"的"減少"義項有反義關係。

例16：今又以爭地之故，而反相賊也，然則是虧不足，而重有餘也。（卷五，非攻下第十九，145）

重：增加。《呂氏春秋·制樂》："今故興事動衆以增國城，是重吾罪也。"高誘注："重，猶益也。"

虧：減少。《易·謙》："天道虧盈而益謙。"孔穎達疏："虧，謂減損，減損盈滿，而增益謙退。"

"重"的"增加"義項和"虧"的"減少"義項有反義關係。

## 8. 出—入

《墨子》中"出"出現131次。義項分別為：①從裏面到外面，跟"入"相對。②使……出去。③出現、顯露。④交出、拿出。⑤超出，突出。⑥產生，興起。⑦表述，推出。⑧發佈，頒佈。⑨下達。⑩派出。⑪釋放。⑫通"黜"，罷免。

《墨子》中"入"出現99次。義項分別為：入：①進入。②陷入，遭受。③納入。④繳納。⑤返歸。⑥擴充。

"出"的"從裏面到外面"義項和"入"的"進入"義項有反義關係。

例17：譖慝之言，無入之耳；批扞之聲，無出之口；殺傷人之孩，無存之心，雖有詆訐之民，無所依矣。（卷一，修身第二，8）

例18：出而還若行縣，必使信人先戒舍室，乃出迎，門守乃入舍。（卷十五，號令第七十，597）

出：從裏面到外面。與"進""入"相對。《集韻·至韻》："出，自內而外也。"

入：由外而內。《說文》："入，內也。象從上俱下也。"《玉篇·入部》："入，進也。"

"出"的"從裏面到外面"義項和"入"的"進入"義項有反義關係。

### 9. 進—退

《墨子》中"進"出現 30 次。義項分別為：①前進。②使動用法，使……進。③進前。④進取。⑤增進，增強。⑥引進，推舉。⑦行，實行。

《墨子》中"退"出現 29 次。義項分別為：①後退，退卻。②使……退卻。③離開，退位。④辭退，貶退。⑤歸，返回。⑥阻攔，攔劫。

（1）"進"的"前進"義項和"退"的"後退，退卻"義項有反義關係。

例 19：昔者楚人與越人舟戰於江，楚人順流而<u>進</u>，迎流而<u>退</u>，見利而<u>進</u>，見不利則其<u>退</u>難。（卷十三，魯問第四十九，479）

進：向前，前進。《玉篇·辵部》："進，前也。"《詩·大雅·常武》："進厥虎臣，闞如虓虎。"鄭玄箋："進，前也。"

退：後退。《玉篇·辵部》："退，卻也。"《易·乾》："知進而不知退，知存而不知亡，知得而不知喪，其唯聖人乎！"

"進"的"前進"義項和"退"的"後退，退卻"義項有反義關係。

（2）"進"的"使……進"義項和"退"的"使……退卻"義項有反義關係。

例 20：越王親自鼓其士而<u>進</u>之。士聞鼓音，破碎亂行，蹈火而死者左右百人有餘。越王擊金而<u>退</u>之。（卷四，兼愛中第十五，106）

進：《墨子大詞典》認為在《墨子》中"進"有"使……進"義項。（《墨子大詞典》，161）

退：《墨子大詞典》認為在《墨子》中"退"有"使……退卻"義項。（《墨子大詞典》，330）

"進"的"使……進"義項和"退"的"使……退卻"義項有反義關係。

### 10. 生—死

《墨子》中"生"出現 107 次。義項分別為：①生長。②出生。③生命。④生存，活著。⑤活生生。⑥生計，生活。⑦產生，發生，出現。⑧對讀書人的稱呼，泛指人。⑨通"聲"，名聲。

《墨子》中"死"出現 103 次。義項分別為：①死亡。②死者。③拼命。④因……而死。⑤為……而死。⑥通"屍"，屍體。⑦通"私"，私有。

（1）"生"與"死"在"出生或死亡"這一義位上構成相反意義。具體為"生"的"出生"義項和"死"的"死亡"義項有反義關係。

例21：今有子先其父死，弟先其兄死者矣，意雖使然，然而天下之陳物，曰先生者先死。若是，則先死者非父則母，非兄而姒也。（卷八，明鬼下第三十一，249）

生：出生。《廣雅·釋親》："人一月而膏，二月而脂……十月而生。"《玉篇·生部》："生，產也。"

死：生命終結。與"生"相對。《說文·歹部》："死，澌也，人所離也。"段玉裁注："《方言》：'澌，索也，盡也。'是澌為凡盡之稱，人盡曰死。"

"生"的"出生"義項和"死"的"死亡"義項有反義關係。

（2）"生"與"死"在"活着與否"這一義位上構成相反意義。具體為"生"的"生存，活着"義項和"死"的"死亡"義項有反義關係。

例22：君子之道也，貧則見廉，富則見義，生則見愛，死則見哀，四行者不可虛假，反之身者也。（卷一，修身第二，9）

例23：故曰以其極賞，以賜無功，虛其府庫，以備車馬衣裘奇怪，苦其役徒，以治宮室觀樂，死又厚為棺椁，多為衣裘，生時治臺榭，死又脩墳墓，故民苦於外，府庫單於內，上不厭其樂，下不堪其苦。（卷一，七患第五，29）

生：活，與"死"相對。《詩·邶風·擊鼓》："死生契闊，與子成說。"
死：生命終結。與"生"相對。《說文·歹部》："死，澌也，人所離也。"段玉裁注："《方言》：'澌，索也，盡也。'是澌為凡盡之稱，人盡曰死。"

"生"的"生存，活着"義項和"死"的"死亡"義項有反義關係。

## 11. 止—動

《墨子》中"止"出現83次。義項分別為：①停止，終止。②靜止。③阻止，禁止。④為止，足夠。⑤滯留。⑥非，駁斥。⑦罷了。⑧通"址"。⑨義通"只"，僅。

《墨子》中"動"出現21次。義項分別為：①行動，動作。②行為舉止。③運動。

"止"與"動"在"靜止與否"這一義位上構成相反意義。具體為"止"的"靜止"義項與"動"的"運動"義項是反義關係。

例24：盡，但止動。（卷十，經說上第四十二，340）

止：靜止。《字彙·止部》："止，靜也。"《禮記·樂記》："故歌者上如抗，下如隊，曲如折，止如槁木。"孔穎達疏："止如槁木者，言音聲止靜，感動人心，如似枯槁之木，止而不動也。"

動：運動，改變事物原來的位置或狀態。與"靜"相對。《篇海類編·身體類·力部》："動，靜之對。"

"止"的"靜止"義項與"動"的"運動"義項是反義關係。

### 12. 夕—朝

《墨子》中"夕"出現12次。義項分別為：①傍晚。②夜晚。

《墨子》中"朝"出現26次。義項分別為：①早上。②時間名詞，天。

"夕"與"朝"的詞義具有相對關係。具體為"夕"的"傍晚"義項和"朝"的"早上"義項有反義關係。

例25：趙氏朝亡，我夕從之；趙氏夕亡，我朝從之。（卷五，非攻中第十八，139）

例26：昔者周公旦朝讀書百篇，夕見漆十士。（卷十二，貴義第四十七，445）

夕：傍晚。《說文·夕部》："夕，莫也。"
朝：早晨。《爾雅·釋詁下》："朝，早也。"《說文·倝部》："朝，旦也。"
"夕"的"傍晚"義項和"朝"的"早上"義項有反義關係。

### 13. 夕—旦

《墨子》中"夕"出現12次。義項分別為：①傍晚。②夜晚。
《墨子》中"旦"出現11次。用作"早晨"之義。
"夕"與"旦"的詞義具有相對關係。具體為"夕"的"傍晚"義項和"旦"的"早晨"義項有反義關係。

例27：諸門下朝夕立若坐，各令以年少長相次，旦夕就位，先佑有功有能，其餘皆以次立。（卷十五，號令第七十，597）

夕：傍晚。《說文·夕部》："夕，莫也。"
旦：早晨。《說文·旦部》："旦，明也。"饒炯部首訂："謂日出平明之時。"
"夕"的"傍晚"義項和"旦"的"早晨"義項有反義關係。

## 14. 旦—暮

《墨子》中"旦"出現 11 次。用作"早晨"之義。

《墨子》中"暮"出現 7 次。用作"日落之時,傍晚"之義。

"旦"與"暮"的詞義具有相對關係。具體為"旦"的"早晨"義項和"暮"的"傍晚"義項有反義關係。

例 28:旦暮以爲教誨乎天下,疑天下之衆,使天下之衆皆疑惑乎鬼神有無之別,是以天下亂。(卷八,明鬼下第三十一,223)

旦:早晨。《說文·旦部》:"旦,明也。"饒炯部首訂:"謂日出平明之時。"
暮:日落時,傍晚。《廣韻·暮韻》:"暮,日晚也。"
"旦"的"早晨"義項和"暮"的"傍晚"義項有反義關係。

## 15. 暮—蚤(早)

《墨子》中"暮"出現 7 次。用作"日落之時,傍晚"之義。

《墨子》中"蚤(早)"出現 22 次。義項分別為:①早晨。②時間靠前的。③及早,預先。④"造"之借字。

"暮"與"蚤(早)"的詞義具有相對關係。具體為"暮"的"日落之時,傍晚"義項和"蚤(早)"的"早晨"義項有反義關係。

例 29:今惟毋在農夫說樂而聽之,即必不能蚤出暮入,耕稼樹藝,多聚叔粟,是故叔粟不足。(卷八,非樂上第三十二,259)

例 30:今也農夫之所以蚤出暮入,強乎耕稼樹藝,多聚叔粟,而不敢怠倦者,何也?(卷九,非命下第三十七,283)

暮:日落時,傍晚。《廣韻·暮韻》:"暮,日晚也。"
蚤:通"早"。《廣韻·皓韻》:"蚤,古借為早字。"早晨。《詩·豳風·七月》:"四之日其蚤,獻羔祭韭。"孔穎達疏:"四之日其早期,獻黑羔於神。"
"暮"的"日落之時,傍晚"義項和"蚤(早)"的"早晨"義項有反義關係。

## 16. 蚤(早)—晚

《墨子》中"蚤(早)"出現 22 次。義項分別為:①早晨。②時間靠前的。③及早,預先。④"造"之借字。

《墨子》中"晚"出現2次。用作"時間靠後的",與"蚤"相對。

"晚"與"蚤(早)"的詞義具有相對關係。具體為"晚"的"時間靠後的"義項和"蚤(早)"的"時間靠前的"義項有反義關係。

例31：聖王既沒,于民次也,其欲蚤處家者,有所二十年處家；其欲晚處家者,有所四十年處家。(卷六,節用上第二十,162)

例32：以其蚤與其晚相踐,後聖王之法十年。(卷六,節用上第二十,162)

晚：後來的,時間靠後的。《淮南子·本經》："晚世學者,不知道之所一體,德之所總要。"

蚤：通"早"。《廣韻·皓韻》："蚤,古借為早字。"在一定時間以前,時間靠前的。《國語·周語中》："叔孫之位不若季孟,而亦泰侈焉,不可以事二君。若皆蚤世猶可,若登年以載其毒,必亡。"

"晚"的"時間靠後的"義項和"早(蚤)"的"時間靠前的"義項有反義關係。

## 17. 蚤(早)—夜

《墨子》中"蚤(早)"出現22次。義項分別為：①早晨。②時間靠前的。③及早,預先。④"造"之借字。

《墨子》中"夜"出現22次。用作"夜晚,夜間"之義。

"蚤(早)"與"夜"的詞義具有相對關係。具體為"蚤(早)"的"早上"義項和"夜"的"夜晚,夜間"義項有反義關係。

例33：使農夫行此,則必不能蚤出夜入,耕稼樹藝。(卷六,節葬下第二十五,175)

蚤：通"早"。《廣韻·皓韻》："蚤,古借為早字。"早晨。《詩·豳風·七月》："四之日其蚤,獻羔祭韭。"孔穎達疏："四之日其早期,獻黑羔於神。"

夜：指從天黑到天亮的一段時間。《春秋·莊公七年》："夏四月辛卯夜,恒星不見。"孔穎達疏："夜者,自昏至旦之總名。"

"蚤(早)"的"早上"義項和"夜"的"夜晚,夜間"義項有反義關係。

## 18. 夜—夙

《墨子》中"夜"出現22次。用作"夜晚,夜間"之義。

《墨子》中"夙"出現5次。用作"早晨"之義。

"夜"與"夙"的詞義具有相對關係。具體為"夜"的"夜晚，夜間"義項和"夙"的"早晨"義項有反義關係。

例34：賢者之長官也，夜寢夙興，收斂關市、山林、澤梁之利，以實官府，是以官府實而財不散。（卷二，尚賢中第九，50）

例35：使百工行此，則必不能修舟車為器皿矣。使婦人行此，則必不能夙興夜寐，紡績織絍。（卷六，節葬下第二十五，175）

夜：指從天黑到天亮的一段時間。《春秋·莊公七年》："夏四月辛卯夜，恒星不見。"孔穎達疏："夜者，自昏至旦之總名。"

夙：早晨。《爾雅·釋詁下》："夙，早也。"

"夜"的"夜晚，夜間"義項和"夙"的"早晨"義項有反義關係。

### 19. 晨—暮

《墨子》中"晨"出現2次。用作"早晨"之義。

《墨子》中"暮"出現7次。用作"日落之時，傍晚"之義。

"晨"與"暮"的詞義具有相對關係。具體為"晨"的"早晨"義項和"暮"的"傍晚"義項有反義關係。

例36：晨暮卒歌以為度，用人少易守。（卷十四，備城門第五十二，529）

晨：早晨。《爾雅·釋詁下》："晨，早也。"

暮：日落時，傍晚。《廣韻·暮韻》："暮，日晚也。"

"晨"的"早晨"義項和"暮"的"傍晚"義項有反義關係。

### 20. 白—黑

《墨子》中"白"出現62次。義項分別為：①白色。②狐狸腋下之皮。

《墨子》中"黑"出現34次。用作"黑色"之義。

"白"的"白色"義項和"黑"的"黑色"義項有反義關係。

例37：今有人於此，少見黑曰黑，多見黑曰白，則以此人不知白黑之辯矣；少嘗苦曰苦，多嘗苦曰甘，則必以此人為不知甘苦之辯矣。（卷五，非攻上第十七，129）

例38：是賁我者，則豈有以異是賁黑白甘苦之辯者哉！（卷七，天志下

第二十八，219）

白：白色，像雪霜一樣的顏色。《論語·陽貨》："不曰白乎，涅而不緇。"何晏注："孔曰：'至白者，染之於涅而不黑。'"

黑：黑色。《說文》："黑，火所熏之色也。"

"白"的"白色"義項和"黑"的"黑色"義項有反義關係。

## 21. 女—男

《墨子》中"女"出現63次。義項分別為：①女子，女人。②女兒。

《墨子》中"男"出現25次。用作"男子，男人"之義。

"女"與"男"的詞義具有相對關係。具體為"女"的"女子，女人"義項和"男"的"男子，男人"義項有反義關係。

例39：冬則輕煖，夏則輕清，皆已具矣，必厚作斂於百姓，暴奪民衣食之財，以爲錦繡文采靡曼之衣，鑄金以爲鉤，珠玉以爲珮，<u>女</u>工作文采，<u>男</u>工作刻鏤，以爲身服。（卷一，辭過第六，34）

例40：出則不長弟鄉里，居處無節，出入無度，<u>男女</u>無別。（卷二，尚賢中第九，54）

女：女子，女人。《說文·女部》："女，婦人也。"

男：男子，男人。與"女"相對。《廣韻·覃韻》："男，男子也。"

"女"的"女子，女人"義項和"男"的"男子，男人"義項有反義關係。

## 22. 來—去

《墨子》中"來"出現48次。義項分別為：①趨向動詞，由彼至此，由遠至近，跟"去"相對。②使動用法，使……來。③過來。④未來。⑤來犯，進攻。

《墨子》中"去"出現90次。義項分別為：①離開。②使……離開。③去掉，舍弃。④距，距離。

（1）"來"與"去"在"動作的趨向"這一義位上構成相對關係。具體為"來"的"由彼至此，由遠至近"和"去"的"離開"義項有反義關係。

例41：烽火以舉，輒五鼓傳，又以火屬之，言寇所從<u>來</u>者少多，旦弇還，<u>去來</u>屬次烽勿罷。（卷十五，襍守第七十一，623）

21

例 42：載來見彼王，聿求厥章。（卷二，尚同中第十二，88）

例 43：去而之齊，見子墨子曰："衛君以夫子之故，致祿甚厚，設我於卿。石三朝必盡言，而言無行，是以去之也。衛君無乃以石為狂乎？"（卷十一，耕柱第四十六，432）

來：由彼至此，由遠到近。與"去"相對。《爾雅·釋詁上》："來，至也。"
去：離開。《說文·去部》："去，人相違也。"段玉裁注："違，離也。"

"來"的"由彼至此，由遠至近"和"去"的"離開"義項有反義關係。

（2）"來"與"去"的詞義具有相對關係。具體為"來"的"使……來"義項和"去"的"使……離開"義項有反義關係。

例 44：是故置本不安者，無務豐末；近者不親，無務來遠；親戚不附，無務外交；事無終始，無務多業；舉物而闇，無務博聞。（卷一，修身第二，8）

例 45：遣卒候者無過五十人，客至堞去之。（卷十五，號令第七十，612）

來：使……來。《字彙·人部》："來，招之也。"《論語·季氏》："故遠人不服，則修文德以來之。"邢昺疏："使遠人慕其德化而來。"
去：使……離開。《戰國策·秦策二》："處女相與語，欲去之。"姚宏注："去，猶遣之也。"

"來"的"使……來"義項和"去"的"使……離開"義項有反義關係。

## 23. 來—往

《墨子》中"來"出現48次。義項分別為：①趨向動詞，跟"去"相對。②使動用法，使……來。③過來。④未來，將來。⑤來犯，進攻。

《墨子》中"往"出現32次。義項分別為：①去，到……去。②離去，分離。③以往，過去。

"來"與"往"的詞義具有相對關係。"來"的"未來"義項和"往"的"以往，過去"義項有反義關係。

例 46：彭輕生子曰："往者可知，來者不可知。"（卷十三，魯問第四十九，477）

來：未來，將來。《荀子·解蔽》："不慕往，不閔來。"陽倞注："往，古昔也；來，將來也。"

往：以往，過去。《玉篇·彳部》："往，古往也。"

"來"的"未來，將來"義項和"往"的"以往，過去"義項有反義關係。

## 24. 大—小

《墨子》中"大"出現 395 次。義項分別為：①在體積、面積、力量等方面超過一般的所比對象，與"小"相對。②增大，擴大。③規模大，程度深或範圍廣。④大的方面，大事物，大道理。⑤粗。⑥指容量、體積、空間的大小。另有"大夫"，"大母"等雙音節詞。

《墨子》中"小"出現 125 次。義項分別為：①在體積、面積、數量、力量、規模、強度等方面不及一般的或不及比較的對象，與"大"相對。②細小。③少量。④小的方面。⑤小孩。⑥小國。⑦地位卑微。

（1）"小"的"在體積、面積、數量、力量、規模、強度等方面不及一般的或不及比較的對象"義項，與"大"有反義關係。

例 47：權，正也。斷指以存腕，利之中取<u>大</u>，害之中取<u>小</u>也。（卷十一，大取第四十四，404）

大：在體積、面積、力量等方面超過一般的所比對象，與"小"相對。《廣韻·泰韻》："大，小大也。"

小：在體積、面積、數量、力量、規模、強度等方面不及一般的或不及比較的對象，與"大"相對。《說文》："小，物之微也。"

"小"的"在體積、面積、數量、力量、規模、強度等方面不及一般的或不及比較的對象"義項，與"大"有反義關係。

（2）"大"的"大的方面"義項和"小"的"小的方面"義項有反義關係。

例 48：夫一道術學業仁義者，皆<u>大</u>以治人，<u>小</u>以任官，遠施周偏，近以脩身，不義不處，非理不行，務興天下之利，曲直周旋，利則止，此君子之道也。（卷九，非儒下第三十九，297）

例 49：而今天下之士君子，居處言語皆尚賢，逮至其臨眾發政而治民，莫知尚賢而使能，我以此知天下之士君子，明於小而不明於<u>大</u>也。（卷二，尚賢下第十，66）

大：《墨子大詞典》認為在《墨子》中"大"有"大的方面"義項。（《墨子大詞典》，51）

小：《墨子大詞典》認為在《墨子》中"小"有"小的方面"義項。（《墨

子大詞典》，366）

"大"的"大的方面"義項和"小"的"小的方面"義項有反義關係。

## 25. 小—老

《墨子》中"小"出現 125 次。義項分別為：①在體積、面積、數量、力量、規模、強度等方面不及一般的或不及比較的對象，與"大"相對。②細小。③少量。④小的方面。⑤小孩。⑥小國。⑦地位卑微。

《墨子》中"老"出現 28 次。義項分別為：①年邁，衰老。②老人。

"小"的"小孩"義項和"老"的"老人"義項有反義關係。

例 50：男子有守者，爵人二級，女子賜錢五千，男女老小先分守者，人賜錢千，復之三歲，無有所與，不租稅。（卷十五，號令第七十，595）

小：年幼的人。《詩·小雅·楚茨》："既醉既飽，小大稽首。"鄭玄箋："小大猶長幼也。"

老：年紀大的人。《禮記·大學》："上老老而民興孝，上長長而民興弟。"鄭玄注："老老，長長，謂尊老、敬長也。"

"小"的"小孩"義項和"老"的"老人"義項有反義關係。

## 26. 甘—苦

《墨子》中"甘"出現 12 次。義項分別為：①甘甜。②地名。

《墨子》中"苦"出現 20 次。義項分別為：①味苦，與"甜"相對。②勞苦，辛苦。③痛苦，困苦。④苦於。

"甘"的"甘甜"義項和"苦"的"味苦"義項有反義關係。

例 51：今有人於此，少見黑曰黑，多見黑曰白，則以此人不知白黑之辯矣；少嘗苦曰苦，多嘗苦曰甘，則必以此人為不知甘苦之辯矣。（卷五，非攻上第十七，129）

例 52：是貴我者，則豈有以異是貴黑白甘苦之辯者哉！（卷七，天志下第二十八，219）

甘：甜，五味之一。《洪武正韻·覃韻》："甘，甜也。"

苦：五味之一，跟"甘""甜"相反。《說文》："苦，大苦，苓也。從艸，古聲。"

"甘"的"甘甜"義項和"苦"的"味苦"義項有反義關係。

## 27. 苦—樂

《墨子》中"苦"出現 20 次。義項分別為：①味道苦，與"甜"相對。②勞苦，辛苦。③痛苦，困苦。④苦於。

《墨子》中"樂"出現 84 次。義項分別為：①遊樂，享樂。②樂意。③快樂。④使動用法。使……快樂。

"苦"的"痛苦，困苦"義項和"樂"的"快樂"義項有反義關係。

例 53：故曰以其極賞，以賜無功，虛其府庫，以備車馬衣裘奇怪，苦其役徒，以治宮室觀樂，死又厚爲棺椁，多爲衣裘，生時治臺榭，死又脩墳墓，故民苦於外，府庫單於内，上不厭其樂，下不堪其苦。（卷一，七患第五，29）

苦：痛苦，困苦。《廣韻·姥韻》："苦，患也。"
樂：快樂。《廣韻·鐸韻》："樂，喜樂。"
"苦"的"痛苦，困苦"義項和"樂"的"快樂"義項有反義關係。

## 28. 内—外

《墨子》中"内"出現 105 次。義項分別為：①裏面。②對内。③宫内。④内心。⑤守城裏面，指我方。⑥親近。

《墨子》中"外"出現 111 次。義項分別為：①外面。②對外。③指外人，外物。④排斥，遠離。⑤宫外。

（1）"内"與"外"的詞義具有相對關係。具體為"内"的"裏面"義項和"外"的"外面"義項有反義關係。

例 54：故曰以其極賞，以賜無功，虛其府庫，以備車馬衣裘奇怪，苦其役徒，以治宮室觀樂，死又厚爲棺椁，多爲衣裘，生時治臺榭，死又脩墳墓，故民苦於<u>外</u>，府庫單於<u>内</u>，上不厭其樂，下不堪其苦。（卷五，七患第五，29）

内：裏面。表方位，與"外"相對。《廣雅·釋言》："内，裏也。"
外：外面。《廣雅·釋詁四》："外，表也。"
"内"的"裏面"義項和"外"的"外面"義項有反義關係。

（2）"内"與"外"的詞義具有相對關係。具體為"内"的"對内"義項和"外"的"對外"義項有反義關係。

例 55：<u>内</u>之不能善事其親戚，<u>外</u>不能善事其君長，惡恭儉而好簡易，貪飲食而惰從事，衣食之財不足，使身至有饑寒凍餒之憂，必不能曰：我罷不

肖,我從事不疾。(卷九,非命中第三十六,276)

例56:是故昔者三代之暴王,不繆其耳目之淫,不慎其心志之辟,<u>外</u>之敺騁田獵畢弋,<u>內</u>沈於酒樂,而不顧其國家百姓之政。(卷九,非命中第三十六,276)

內:對內。《論語·鄉黨》:"車中不內顧。"

外:《墨子大詞典》認為在《墨子》中"外"有"對外"義項。(《墨子大詞典》,332)

"內"的"對內"義項和"外"的"對外"義項有反義關係。

(3)"內"與"外"的詞義具有相對關係。具體為"內"的"守城裏面,指我方"義項和"外"的"外人,外物"義項有反義關係。

例57:客、主人無得相與言及相藉,客射以書,無得譽,<u>外</u>示<u>內</u>以善,無得應,不從令者,皆斷。(卷十五,號令第七十,605)

內:《墨子大詞典》認為在《墨子》中"內"有"我方"義項。(《墨子大詞典》,219)

外:《墨子大詞典》認為在《墨子》中"外"有"外人,外物"義項。(《墨子大詞典》,332)

"內"的"守城裏面,指我方"義項和"外"的"外人,外物"義項有反義關係。

(4)"內"與"外"的詞義具有相對關係。具體為"內"的"親近"義項和"外"的"排斥,遠離"義項有反義關係。

例58:有讒人,有利人,有惡人,有善人,有長人,有謀士,有勇士,有巧士,有使士,有<u>內</u>人者,<u>外</u>人者,有善人者,有善門人者,守必察其所以然者,應名乃內之。(卷十五,襍守第七十一,634)

內:親近。《易·泰》:"內君子而外小人。"這裡的"內"即是親近之義。

外:排斥,遠離。《說文·夕部》:"外,遠也。"《荀子·王霸》:"人主則外賢而偏舉,人臣則爭職而妒賢,是其所以不合之故也。"楊倞注:"外賢,疏賢也。"

"內"的"親近"義項和"外"的"排斥,遠離"義項有反義關係。

## 29. 本—末

《墨子》中"本"出現 61 次。義項分別為：①草木的根部或莖、干。②根本的东西。③本來。④完全。⑤用作動詞，考察本源。⑥杠杆掛重物的一邊。

《墨子》中"末"出現 12 次。義項分別為：①樹梢。②非根本的東西。③末端。

"本"的"根本的东西"義項和"末"的"非根本的，細小的東西"義項有反義關係。

例 59：<u>本</u>不固者<u>末</u>必幾，雄而不脩者其後必惰，原濁者流不清，行不信者名必耗。（卷一，修身第二，10）

例 60：是故置<u>本</u>不安者，無務豐<u>末</u>；近者不親，無務來遠；親戚不附，無務外交；事無終始，無務多業；舉物而闇，無務博聞。（卷一，修身第二，8）

本：根本的東西，事物的基礎或主體。《論語·學而》："君子務本，本立而道生。"何晏注："本，基也。""本"即是"根本的東西"之義。

末：非根本的東西。《論語·子張》："子夏之門人小子，當灑掃應對進退，則可矣，抑末也。""末"即是"非根本的東西"之義。

"本"的"根本的东西"義項和"末"的"非根本的东西"義項有反義關係。

## 30. 東—西

《墨子》中"東"出現 16 次。義項分別為：①方位名詞，與"西"相對。②在東面。③向東。

《墨子》中"西"出現 20 次。方位名詞，與"東"相對。

"東"和"西"的詞義具有相對關係。具體為"東"和"西"在方位義項上有反義關係。

例 61：逢逢白雲，一南一北，一<u>西</u>一<u>東</u>。（卷十一，耕柱第四十六，425）

例 62：是以<u>東</u>者越人夾削其壤地，<u>西</u>者齊人兼而有之。（卷五，非攻中第十八，133）

東：太陽出來的方向。跟"西"相對。

西：太陽落下的方向。跟"東"相對。《說文·西部》："西，日在西方而

鳥棲，故因以為東西之西。"

"東"和"西"在方位義項上有反義關係。

### 31. 弗—有

《墨子》中"弗"出現65次。義項分別為：①否定副詞"不"。②無。

《墨子》中"有"出現890次。義項分別為：①表示存在，與"無"相對。②擁有。③持有。④佔有。⑤領有。⑥享有。⑦收取，收有。⑧有的，有人。⑨發現。⑩出現，產生。⑪有依據。⑫設有。⑬"友"借字。⑭義通"以"。⑮義通"用"。⑯義通"又"。⑰義通"由"。⑱助詞。⑲表應答。⑳哲學範疇的存在。

"弗"與"有"在"存在與否"這一義位上構成相反意義。具體為"弗"的"無，不存在"義項和"有"的"存在"義項有反義關係。

例63：仁人以其取舍是非之理相告，無故從有故也，弗知從有知也，無辭必服，見善必遷，何故相？（卷九，非儒下第三十九，295）

弗：無。《墨子大詞典》認為在《墨子》中"弗"有"無"義項。（《墨子大詞典》，88）

有：表示存在，與"無"相對。《玉篇·有部》："有，不無也。"

"弗"的"無，不存在"義項和"有"的"存在"義項有反義關係。

### 32. 有—無

《墨子》中"有"出現890次。義項分別為：①存在。②擁有。③持有。④佔有。⑤領有。⑥享有。⑦收取，收有。⑧有的，有人。⑨發現。⑩出現，產生。⑪有依據。⑫設有。⑬"友"借字。⑭義通"以"。⑮義通"用"。⑯義通"又"。⑰義通"由"。⑱助詞。⑲表應答。⑳哲學範疇的存在。

《墨子》中"無"出現481次。義項分別為：①虛無。②沒有。③不要。④不。⑤不能。⑥不論。⑦義通"撫"。

（1）"有"與"無"在哲學範疇上的"有或無"這一義位上構成相反意義。具體為"有"的"存在"和"無"的"虛無"義項有反義關係。

例64：無不必待有，說在所謂。（卷十，經下第四十一，321）

有：哲學範疇。與"無"相對，指可感覺的實物，最普遍的存在。

無：哲學範疇。指無形、無名、虛無等，或指物質的隱微狀態。《老子》

第四十章："天下萬物生於有，有生於無。"

"有"的"存在"和"無"的"虛無"義項有反義關係。

（2）"有"與"無"在"存在或不存在"這一義位上構成相反意義。具體為"有"的"存在"和"無"的"沒有"義項有反義關係。

例65：故，小故，<u>有</u>之不必然，<u>無</u>之必不然。（卷十，經說上第四十二，332）

有：表示存在，與"無"相對。《玉篇·有部》："有，不無也。"
無：沒有。跟"有"相對。《玉篇·亡部》："無，不有也。"
"有"的"存在"和"無"的"沒有"義項有反義關係。

### 33. 少—多

《墨子》中"少"出現44次。義項分別為：①數量小，與"多"相對。②少數人。③通"稍"，間隔時間短。

《墨子》中"多"出現113次。義項分別為：①數量大，與"少"相對。②勝過，超過。③許多。④大量地。

"少"的"數量小"和"多"的"數量大"義項有反義關係。

例66：其爲舟車也，全固輕利，可以任重致遠，其爲用財<u>少</u>，而爲利<u>多</u>，是以民樂而利之。（卷一，辭過第六，36）

少：數量小，與"多"相對。《說文·小部》："少，不多也。"
多：數量大，與"少"相對。《爾雅·釋詁》："多，衆也。"
"少"的"數量小"和"多"的"數量大"義項有反義關係。

### 34. 少—長

《墨子》中"少"出現44次。義項分別為：幼小，年紀輕的。

《墨子》中"長"出現243次。義項分別為：①生長。②使動用法，使……生長。③年齡大的。④年齡大的人。⑤長官。⑥主持。⑦推斷。

"少"的"幼小，年紀輕的"和"長"的"年齡大的"義項有反義關係。

例67：今有人於此，負粟息於路側，欲起而不能，君子見之，無<u>長少</u>貴賤，必起之。（卷十二，貴義第四十七，447）

少：幼小，年紀輕的。與"老"相對。《玉篇·小部》："少，幼也。"

長：老，年齡大的。《廣雅·釋詁一》："長，老也。"

"少"的"幼小，年紀輕的"和"長"的"年齡大的"義項有反義關係。

### 35. 少—衆

《墨子》中"少"出現44次。義項分別為：①數量小，與"多"相對。②少數人。③通"稍"，間隔時間短。

《墨子》中"衆"出現154次。義項分別為：①多，衆多。②使動用法，使……多。③用作動詞，增加。④衆人，許多人。⑤公衆。⑥人口。⑦人口多。⑧軍隊。

"少"的"少數人"和"衆"的"衆人，許多人"義項有反義關係。

例68：爭而不得，不可謂強，義不殺少而殺衆，不可謂知類。（卷十三，公輸第五十，484）

例69：古有亓術者，內不親民，外不約治，以少閒衆，以弱輕強，身死國亡，為天下笑，子亓慎之，恐為身薑。（卷十四，備梯第五十六，542）

少：《墨子大詞典》認為在《墨子》中"少"有"少數人"義項。《墨子大詞典》，275）

衆：衆人，許多人。《論語·衛靈公》："衆惡之，必察焉，衆好之，必察焉。"

"少"的"少數人"和"衆"的"衆人，許多人"義項有反義關係。

### 36. 厚—少

《墨子》中"厚"出現140次。義項分別為：①扁平物上下之間的距離大，與"薄"相對。②物體的厚度。③多，數量大。④大。⑤重。⑥使……豐厚。⑦用作名詞，高位。⑧敦厚，崇高。⑨厚待，厚愛。⑩看重。

《墨子》中"少"出現44次。義項分別為：①數量小。②少數人。③通"稍"，間隔時間短。

"厚"的"數量多"義項和"少"的"數量小"義項有反義關係。

例70：子墨子使管黔敖游高石子於衛，衛君致祿甚厚，設之於卿。（卷十一，耕柱第四十六，432）

例71：其為舟車也，全固輕利，可以任重致遠，其為用財少，而為利多，是以民樂而利之。（卷一，辭過第六，36）

厚：多，數量大。《漢書·食貨志下》："民若匱，王用將有所乏；乏將厚取於民。"顏師古注："厚，尤多也，重也。"

少：數量小。《說文·小部》："少，不多也。"

"厚"的"多，數量大"義項和"少"的"數量小"義項有反義關係。

## 37．足—少

《墨子》中"足"出現157次。義項分別為：①腳。②動物之蹄。③充足。④滿足，知足。⑤夠，足夠。⑥多，與"少"相對。⑦值得。

《墨子》中"少"出現44次。義項分別為：①數量小，與"多"相對。②少數人。③通"稍"，間隔時間短。

"足"的"多"義項和"少"的"數量小"義項有反義關係。

例72：然則土地者，所有餘也，王民者，所不<u>足</u>也。（卷五，非攻中第十八，132）

足：《墨子大詞典》認為在《墨子》中"足"有"多"義項。（《墨子大詞典》，459）

例73：其爲舟車也，全固輕利，可以任重致遠，其爲用財<u>少</u>，而爲利多，是以民樂而利之。（卷一，辭過第六，36）

少：數量小，與"多"相對。《說文·小部》："少，不多也。"

"足"的"多"義項和"少"的"數量小"義項有反義關係。

## 38．密—少

《墨子》中"密"出現9次。義項分別為：①空隙小，跟"疏"相對。②嚴密。③數量多。④義通"陛"，臺階。

《墨子》中"少"出現44次。義項分別為：①數量小。②少數人。③通"稍"，間隔時間短。

"密"的"數量多"義項和"少"的"數量小"義項有反義關係。

例74：然而民不凍餓者何也？其生財<u>密</u>，其用之節也。（卷一，七患第五，28）

密：《墨子大詞典》認為在《墨子》中"密"有"數量多"義項。（《墨子大詞典》，207）

例 75：其爲舟車也，全固輕利，可以任重致遠，其爲用財少，而爲利多，是以民樂而利之。（卷一，辭過第六，36）

少：《說文·小部》："少，不多也。"

"密"的"數量多"義項和"少"的"數量小"義項有反義關係。

## 39. 長—幼

《墨子》中"長"出現 243 次。義項分別為：①生長。②使動用法，使……生長。③年齡大的。④年齡大的人。⑤長官。⑥主持。⑦推斷。

《墨子》中"幼"出現 5 次。義項分別為：①年幼。②年幼的人。

"長"的"年齡大的人"和"幼"的"年幼的人"義項有反義關係。

例 76：為長厚，不為幼薄。（卷十一，大取第四十四，405）

長：年齡大的人。《左傳·隱公三年》："且夫賤妨貴，少陵長，遠間親，新間舊，小加大，淫破義，所謂六逆也。"

幼：年幼的人。《孟子·梁惠王上》："幼吾幼，以及人之幼。"

"長"的"年齡大的人"和"幼"的"年幼的人"義項有反義關係。

## 40. 長—短

《墨子》中"長"出現 243 次。義項分別為：①距離大，與"短"相對。②長度。③長久。④擅長。⑤義同"高"。⑥義同"常"。

《墨子》中"短"出現 24 次。義項用作"兩端之間的距離小，與'長'相對。"

"長"的"距離大"和"短"的"距離小"義項有反義關係。

例 77：物，甚長甚短，莫長於是，莫短於是，是之是也，非是也者，莫甚於是。（卷十，經說下第四十三，392）

長：距離大，與"短"相對。《楚辭·九歌·國殤》："帶長劍兮挾秦弓。"

短：兩端之間的距離小，與"長"相對。《玉篇·矢部》："短，不長也。"

"長"的"距離大"和"短"的"兩端之間的距離小"義項有反義關係。

## 41. 衆—寡

《墨子》中"衆"出現 154 次。義項分別為：①多，眾多。②使動用法，使……多。③用作動詞，增加。④眾人。⑤公眾。⑥人口。⑦人口多。⑧軍隊。

《墨子》中"寡"出現71次。義項分別為：①少。②人口少。③使……少。④沒有配偶的男女。⑤寡婦。⑥獨一，單一。⑦寡陋。

"眾"的"多"義項與"寡"的"少"義項有反義關係。

例78：則食者眾，而耕者寡也。（卷十二，貴義第四十七，440）

眾：多，盛多。《說文·㐺部》："眾，多也。"
寡：寡，少也。《說文·宀部》："寡，少也。"《爾雅·釋詁下》："寡，罕也。"

"眾"的"多"義項與"寡"的"少"義項有反義關係。

## 42. 火—水

《墨子》中"火"出現76次。義項分別為：①物體燃燒時發出的光和焰。②指光。③烽火。④引火之具。

《墨子》中"水"出現57次。義項分別為：①無色、無味液體。②水平面。③水災。④水域。⑤需用水的時候。④水路。

"火"與"水"的詞義具有相對關係。"火"的"物體燃燒時發出的光和焰"義項與"水"的"無色、無味液體"義項有反義關係。

例79：苟有上說之者，勸之以賞譽，威之以刑罰，我以為人之於就兼相愛交相利也，譬之猶火之就上，水之就下也，不可防止於天下。（卷四，兼愛下第十六，127）

"火"的"物體燃燒時發出的光和焰"義項與"水"的"無色、無味液體"義項有反義關係。

## 43. 水—陸

《墨子》中"水"出現57次。義項分別為：①無色、無味液體。②水平面。③水災。④水域。⑤需用水的時候。④水路。

《墨子》中"陸"出現4次。義項分別為：①陸地。②陸路。

"水"與"陸"的詞義具有相對關係。具體為"水"的"水路"義項與"陸"的"陸路"義項有反義關係。

例80：曰：舟用之水，車用之陸，君子息其足焉，小人休其肩背焉。（卷

八,非樂上第三十二,253)

水:《墨子大詞典》認為在《墨子》中"水"有"水路"義項。(《墨子大詞典》,305)

陸:《墨子大詞典》認為在《墨子》中"陸"有"陸路"義項。(《墨子大詞典》,198)

"水"的"水路"義項與"陸"的"陸路"義項有反義關係。

## 44. 下一上

《墨子》中"下"出現764次。義項分別為:①位置在低處,與"上"相對。②等級、地位低的,多指臣下,百姓。③落下,降下。④使……下。⑤投下。⑥降職,罷免。⑦少于。⑧最差,下等。⑨對下,向下。

《墨子》中"上"出現465次。義項分別為:①位置在高處,與"下"相對。②對上,向上。③指君主,處上位者。④使……向上,處上位。⑤上等,最佳。⑥登上,到達。⑦奉上,運上,用上。⑧登載,上報。⑨同"尚",崇尚。

(1)"下"的"位置在低處"義項與"上"的"位置在高處"有反義關係。

例81:苟有上說之者,勸之以賞譽,威之以刑罰,我以為人之於就兼相愛交相利也,譬之猶火之就上,水之就下也,不可防止於天下。(卷四,兼愛下第十六,127)

下:位置在低處。《說文》:"丅,底也。指事。下,篆文丅。"

上:位置在高處。《玉篇·上部》:"上,《說文》云:'高也'。"

"下"的"位置在低處"義項與"上"的"位置在高處"有反義關係。

(2)"下"的"對下,向下"義項和"上"的"對上,向上"義項有反義關係。

例82:其事上尊天,中事鬼神,下愛人。(卷七,天志上第二十六,195)

例83:故雖賤人也,上比之農,下比之藥,曾不若一草之本乎?(卷十二,貴義第四十七,441)

下:《墨子大詞典》認為在《墨子》中"下"有"對下,向下"義項。(《墨子大詞典》,357)

上:《墨子大詞典》認為在《墨子》中"上"有"對上,向上"義項。(《墨

子大詞典》，272）

"下"的"對下，向下"義項和"上"的"對上，向上"義項有反義關係。

（3）"下"的"地位低的人，處下位的人，多指臣下，百姓"義項與"上"的"地位高的人，處上位的人，多指君主"義項有反義關係。

例84：若有美善則歸之上，是以美善在上而所怨謗在下，寧樂在君，憂感在臣。（卷二，尚賢中第九，53）

下：地位低的人，處下位的人。《易·繫辭下》："君子上交不諂，下交不瀆。"侯果注："上謂王侯，下謂凡庶。"

上：地位高的人，處上位的人。《禮記·王制》："尊君親上。"孔穎達疏："親上，謂在下親愛長上。"《論語·學而》："其為人也孝悌，而好犯上者鮮矣。"何晏注："上，謂凡在己上者。"

"下"的"地位低的人，處下位的人，多指臣下，百姓"義項與"上"的"地位高的人，處上位的人，多指君主"義項有反義關係。

（4）"下"的"使……向下"義項和"上"的"使……向上"義項有反義關係。

例85：故古者聖王甚尊尚賢而任使能，不黨父兄，不偏貴富，不嬖顏色，賢者舉而上之，富而貴之，以為官長；不肖者抑而廢之，貧而賤之以為徒役，是以民皆勸其賞，畏其罰，相率而為賢。（卷二，尚賢中第九，49）

例86：因下彭氏之子，不使御。（卷十二，貴義第四十七，442）

下：《墨子大詞典》認為在《墨子》中"下"有"使……向下"義項。（《墨子大詞典》，358）

上：《墨子大詞典》認為在《墨子》中"上"有"使……向上"義項。（《墨子大詞典》，273）

"下"的"使……向下"義項和"上"的"使……向上"義項有反義關係。

（5）"下"的"等級或質量低的"義項和"上"的"等級或質量高的"義項有反義關係。

例87：死命為上，多殺次之，身傷者為下，又況失列北橈乎哉，罪死無赦。（卷五，非攻下第十九，142）

下：等級或質量低的。《戰國策·齊策一》："能謗議於市朝，聞寡人之耳者，受下賞。"

上：等級或質量高的。《孫子·謀攻》："凡用兵之法，全國為上，破國次之。"

"下"的"等級或質量低的"義項和"上"的"等級或質量高的"義項有反義關係。

## 45. 下—舉

《墨子》中"下"出現465次。義項分別為：①位置在低處，與"上"相對。②等級、地位低的，多指臣下，百姓。③落下，降下。④使……下。⑤投下。⑥降職，罷免。⑦少于。⑧最差，下等。⑨對下，向下。

《墨子》中"舉"出現123次。義項分別為：①往上托，舉起。②稱贊，表彰。③推舉，提拔。④列舉，舉例。⑤舉報，上報。⑥用。⑦拾取。⑧選取。⑨興辦，施行。⑩興起，發動。⑪調查，登記。⑫全，全部。⑬猶"言"，以言表實。

"下"的"降職，罷免"義項和"舉"的"推舉，提拔"義項有反義關係。

例88：故官無常貴，而民無終賤，有能則舉之，無能則下之，舉公義，辟私怨，此若言之謂也。（卷二，尚賢上第八，46）

下：《墨子大詞典》認為在《墨子》中"下"有"降職，罷免"義項。（《墨子大詞典》，358）

例89：昔伊尹為莘氏女師僕，使為庖人，湯得而舉之，立為三公，使接天下之政，治天下之民。（卷二，尚賢下第十，68）

舉：《墨子大詞典》認為在《墨子》中"舉"有"推舉，提拔"義項。（《墨子大詞典》，168）

"下"的"降職，罷免"義項和"舉"的"推舉，提拔"義項有反義關係。

## 46. 舉—廢

《墨子》中"舉"出現123次。義項分別為：①往上托，舉起。②稱贊，表彰。③推舉，提拔。④列舉，舉例。⑤舉報，上報。⑥用。⑦拾取。⑧選取。⑨興辦，施行。⑩興起，發動。⑪調查，登記。⑫全，全部。⑬猶"言"，以言表實。

《墨子》中"廢"出現30次。義項分別為：①荒廢，耽誤。②停止。③黜免。④敗壞。⑤廢棄。⑥向下放置。

"舉"的"往上托，舉起"義項和"廢"的"向下放置"義項有反義關係。

例90：<u>舉</u>之則輕，<u>廢</u>之則重，非有力也。（卷十，經說下第四十三，361）

舉：往上托，舉起。《說文·手部》："舉，對舉也。"段玉裁注："對舉，謂以兩手舉之。"《廣韻·語韻》："舉，擎也。"

廢：向下放置。《爾雅·釋詁下》："廢，舍也。"郭璞注："舍，放置。"《莊子·徐無鬼》："於是為之調瑟，廢一於堂，廢一於室。"成玄英疏："廢，置也。置一瑟於堂中，置一瑟於室內。"

"舉"的"往上托，舉起"義項和"廢"的"向下放置"義項有反義關係。

## 47．正—偏

《墨子》中"正"出現97次。義項分別為：①正確。②不偏斜。③平，平行。④正面。⑤正對。⑥恰好。⑦匡正，改正。⑧確定。⑨在不確定的狀態中作正當的選擇。⑩正義，正道。⑪使動，使……合于正道。⑫方正。⑬通"整"。⑭君長，用作動詞，做……君、長。

《墨子》中"偏"出現19次。義項分別為：①傾斜，不平正。②偏私。③片面，不周全。④部分，局部。⑤單獨，一方。⑥通"遍"，全部。

"正"與"偏"在"偏斜與否"這一義位上構成相反意義。具體為"正"的"不偏斜"義項和"偏"的"傾斜，不平正"義項有反義關係。

例91：若言而無義，譬猶立朝夕於員鈞之上也，則雖有巧工，必不能得<u>正</u>焉。（卷九，非命中第三十六，273）

例92：仗者，兩而勿<u>偏</u>。（卷十，經說上第四十二，350）

正：正中，平正，不偏斜。《說文·正部》："正，是也。"饒炯部首訂："'正'下云'是也'。'是'下說'直也'，義即相當無偏之謂……"

偏：傾斜，不平正。《說文·人部》："偏，頗也。"《廣韻·仙韻》："偏，不正也。"

"正"的"不偏斜"義項和"偏"的"傾斜，不平正"義項有反義關係。

## 48．正—誤

《墨子》中"正"出現97次。義項分別為：①正確。②不偏斜。③平，平行。④正面。⑤正對。⑥恰好。⑦匡正，改正。⑧確定。⑨在不確定的狀態中作正當的選擇。⑩正義，正道。⑪使動，使……合于正道。⑫方正。⑬通

"整"。⑭君長，用作動詞，做……君、長。

《墨子》中"誤"出現1次。用作"錯誤"義。

"正"與"誤"在"正確與否"這一義位上構成相反意義。具體為"正"的"正確"義項和"誤"的"錯誤"義項有反義關係。

例93：辭之侔也，有所至而正。（卷十一，小取第四十五，416）

例94：翟聞之："同歸之物，信有誤者。"（卷十二，貴義第四十七，445）

正：《墨子大詞典》認為在《墨子》中"正"有"正確"義項。（《墨子大詞典》，431）

誤：錯誤。《說文·言部》："誤，謬也。"

"正"的"正確"義項和"誤"的"錯誤"義項有反義關係。

### 49. 正—反

《墨子》中"正"出現97次。義項分別為：①正確。②不偏斜。③平，平行。④正面。⑤正對。⑥恰好。⑦匡正，改正。⑧確定。⑨在不確定的狀態中作正當的選擇。⑩正義，正道。⑪使動，使……合于正道。⑫方正。⑬通"整"。⑭君長，用作動詞，做……君、長。

《墨子》中"反"出現58次。義項分別為：①反面。②相反。③違反，悖逆。④反省，反思。⑤回覆，報復。⑥反而。⑦通"返"，返回。⑧通"販"，販運貨物。⑨通"翻"，翻越。⑩覆滅，推翻。

"正"與"反"在"正面與否"這一義位上構成相反意義。具體為"正"的"正面"義項和"反"的"反面"義項有反義關係。

例95：古，兵立反中，志工，正也。（卷十，經說第四十二，350）

正：《墨子大詞典》認為在《墨子》中"正"有"正面"義項。與"反面"相對。（《墨子大詞典》，431）

反：《墨子大詞典》認為在《墨子》中"反"有"反面"義項。（《墨子大詞典》，79）

"正"的"正面"義項和"反"的"反面"義項有反義關係。

### 50. 逸—勞

《墨子》中"逸"出現1次。用作"閒適，安樂"之義。

《墨子》中"勞"出現42次。義項分別為：①勞作，勞動。②勞苦，辛勞。③使……勞累。④犒勞，慰勞。⑤幫助。⑥成績，功勞。

"逸"的"閒適，安樂"義項和"勞"的"勞苦，辛勞"義項有反義關係。

例 96：以此效大國，則小國之君說，人勞我逸，則我甲兵強。（卷五，非攻下第十九，156）

勞：勞苦。《爾雅·釋詁》："勞，勤也。"舍人云："勞，力極也。"

逸：閒適，安樂。《文選·張衡〈東京賦〉》："猶謂為之者勞，居之則逸。"李善注引薛綜曰："逸，樂也。"

"逸"的"閒適，安樂"義項和"勞"的"勞苦，辛勞"義項有反義關係。

## 51. 達—窮

《墨子》中"達"出現 5 次。義項分別為：①顯達。②通曉，明白。③通行，普遍。

《墨子》中"窮"出現 31 次。義項分別為：①貧窮。②困窘，不得志。③極限，窮盡。④竭盡。⑤偏僻。⑥副詞，極，最。

"達"的"顯達"義項和"窮"的"困窘，不得志"義項有反義關係。

例 97：窮達賞罰幸否有極人之知力，不能為焉。（卷九，非儒下第三十九，290）

達：顯達。《孟子·盡心上》："窮不失義，達不離道。"

窮：困窘，不得志。《論語·衛靈公》："君子亦有窮乎？"

"達"的"顯達"義項和"窮"的"困窘，不得志"義項有反義關係。

## 52. 窮—富

《墨子》中"窮"出現 31 次。義項分別為：①貧窮。②困窘，不得志。③極限，窮盡。④竭盡。⑤偏僻。⑥副詞，極，最。

《墨子》中"富"出現 117 次。義項分別為：①富貴，富裕。②使……富裕。③充足，豐富，多。④富裕的人。

"窮"的"貧窮"義項和"富"的"富貴，富裕"義項有反義關係。

例 98：昔上世之窮民，貪於飲食，惰於從事。（卷九，非命上第三十五，271）

例 99：故天子者，天下之窮貴也，天下之窮富也，故於富且貴者，當天

意而不可不順，順天意者，兼相愛，交相利，必得賞。（卷七，天志上第二十六，195）

窮：貧窮。《廣雅·釋詁四》："窮，貧也。"
富：富裕，財物多。與"窮""貧"相對。《玉篇·宀部》："富，豐於財。"
"窮"的"貧窮"義項和"富"的"富貴，富裕"義項有反義關係。

## 53. 貧—富

《墨子》中"貧"出現53次。義項分別為：①貧窮，貧困。②使動，使……窮。③貧窮的人。

《墨子》中"富"出現117次。義項分別為：①富貴，富裕。②使……富裕。③充足，豐富，多。④富裕的人。

（1）"貧"的"貧窮，貧困"義項和"富"的"富貴，富裕"義項有反義關係。

例100：君子之道也，貧則見廉，富則見義，生則見愛，死則見哀，四行者不可虛假，反之身者也。（卷一，修身第二，9）

貧：貧窮，貧困。《說文》："貧，財分少也。"《書·洪範》："六極……四曰貧。"孔傳："困于財。"
富：富裕，財物多。與"窮""貧"相對。《玉篇·宀部》："富，豐於財。"
"貧"的"貧窮，貧困"義項和"富"的"富貴，富裕"義項有反義關係。

（2）"貧"的"使……窮"義項和"富"的"使……富裕"義項有反義關係。

例101：故古者聖王甚尊尚賢而任使能，不黨父兄，不偏貴富，不嬖顏色，賢者舉而上之，富而貴之，以為官長；不肖者抑而廢之，貧而賤之以為徒役，是以民皆勸其賞，畏其罰，相率而為賢。（卷十三，尚賢中第九，49）

貧：使……窮。《荀子·天論》："彊本而節用，則天不能貧。"
富：使……富裕。《論語·子路》："冉有曰：'既庶矣，又何加焉？'曰：'富之。'"邢昺疏："富之者，孔子言當施舍薄斂，使之衣食足也。"
"貧"的"使……窮"義項和"富"的"使……富裕"義項有反義關係。

（3）"貧"的"貧窮的人"義項和"富"的"富裕的人"義項有反義關係。

例102：天下之人皆相愛，強不執弱，衆不劫寡，富不侮貧，貴不敖賤，

詐不欺愚。（卷四，兼愛中第十五，103）

貧：《墨子大詞典》認爲在《墨子》中"貧"有"貧窮的人"義項。（《墨子大詞典》，230）

富：《墨子大詞典》認爲在《墨子》中"富"有"富裕的人"義項。（《墨子大詞典》，94）

"貧"的"貧窮的人"義項和"富"的"富裕的人"義項有反義關係。

## 54. 遠—近

《墨子》中"遠"出現 53 次。義項分別為：①空間的距離長。②遠方。③遠離。④（血緣關係）疏遠，與"親近"相對。⑤指推論過多，過濫。

《墨子》中"近"出現 40 次。義項分別為：①距離短，跟"遠"相對。②靠近，接近。③親近。④近處。

（1）"遠"的"空間的距離長"義項和"近"的"空間距離短"義項有反義關係。

例 103：進行者先敷近，後敷遠。（卷十，經說下第四十三，384）

遠：空間距離大。《爾雅·釋詁上》："遠，遐也。"《廣韻·阮韻》："遠，遙遠也。"

近：空間距離短。《說文·辵部》："近，附也。"桂馥義證："附也者，當為駙。本書'駙，近也。'俗作附，《廣雅》：'附，近也。'"《玉篇·辵部》："近，不遠也。"

"遠"的"空間的距離長"義項和"近"的"空間距離短"義項有反義關係。

（2）"遠"的"（血緣關係）疏遠"義項和"（血緣關係）近"的"親近"義項有反義關係。

例 104：是故置本不安者，無務豐末；近者不親，無務來遠；親戚不附，無務外交；事無終始，無務多業；舉物而闇，無務博聞。（卷一，修身第二，8）

遠：（血緣關係）疏遠。《廣雅·釋詁三》："遠，疏也。"《禮記·檀弓上》："有殯，聞遠兄弟之喪，雖緦必往，非兄弟，雖鄰不往。所識，其兄弟不同居者皆弔。"孫希旦集解："愚謂，遠兄弟，謂不同居者也。"

近：《墨子大詞典》認爲在《墨子》中"近"有"（血緣關係）親近"義

項。(《墨子大詞典》，161)

"遠"的"（血緣關係）疏遠"義項和"近"的"（血緣關係）親近"義項有反義關係。

(3) "遠"的"遠方"義項和"近"的"近處"義項有反義關係。

例105：行者，必先近而後遠。（卷十，經說下第四十三，384）

遠：遠方。《三國志·魏志·文德郭皇后傳》："今帝在遠，吾幸未有是患。而便移止，奈何?"

近：《墨子大詞典》認為在《墨子》中"近"有"近處"義項。(《墨子大詞典》，161

"遠"的"遠方"義項和"近"的"近處"義項有反義關係。

(4) "遠"的"遠離"義項和"近"的"靠近，接近"義項有反義關係。

例106：望氣者舍必近太守，巫舍必近公社，必敬神之。（卷十五，號令第七十，608）

例107：遠中，則所鑒小，景亦小。（卷十，經說下第四十三，366）

遠：《墨子大詞典》認為在《墨子》中"遠"有"遠離"義項。(《墨子大詞典》，415)

近：靠近，接近。《詩·大雅·民勞》："敬慎威儀，以近有德。"

具體為"遠"的"遠離"義項和"近"的"靠近，接近"義項有反義關係。

## 55. 邇—遠

《墨子》中"邇"出現4次。義項分別為：空間距離短，近，跟"遠"相對。

《墨子》中"遠"出現53次。義項分別為：①空間的距離長。②遠方。③遠離。④（血緣關係）疏遠，與"親近"相對。⑤指推論過多，過濫。

"邇"的"空間距離短"義項和"遠"的"空間的距離長"義項有反義關係。

例108：雖天亦不辯貧富、貴賤、遠邇、親疏、賢者舉而尚之，不肖者抑而廢之。（卷二，尚賢中第九，60）

邇：空間距離短。《說文》："邇，近也。"《爾雅·釋詁》："邇，近也。"

遠：空間距離長。《爾雅·釋詁上》："遠，遐也。"《廣韻·阮韻》："遠，遙遠也。"

"邇"的"空間距離短"義項和"遠"的"空間的距離長"義項有反義關係。

## 56. 迎—順

《墨子》中"迎"出現18次。義項分別為：①迎接。②逆。③面向，迎面。④對面而上。⑤迎祭。

《墨子》中"順"出現43次。義項分別為：①朝着同一方向，順着。②依循，順從。③順應，應允。④醫治。⑤義通"慎"，慎重。

"迎"與"順"在"順着與否"這一義位上構成相反意義。具體為"迎"的"逆"義項和"順"的"順着"義項有反義關係。

例109：越人迎流而進，順流而退，見利而進，見不利則其退速，越人因此若埶，亟敗楚人。（卷十三，魯問第四十九，479）

迎：逆。《韓非子·外儲說右上》："民之從公也，為慎產也。公因而迎殺之，失所以為從公矣。"王先慎集解引孫詒讓曰："迎當為逆。迎殺者，言戰為逆而殺之之事。"

順：朝着同一方向，順着。《詩·魯頌·泮水》："順彼長道，屈此群醜。"

"迎"的"逆"義項和"順"的"順着"義項有反義關係。

## 57. 順—逆

《墨子》中"順"出現43次。義項分別為：①朝着同一方向，順着。②依循，順從。③順應，應允。④醫治。⑤義通"慎"，慎重。

《墨子》中"逆"出現9次。義項分別為：①違背，悖逆。②達到。

"順"與"逆"在"順從與否"這一義位上構成相反意義。具體為"順"的"依循，順從"義項和"逆"的"違背，悖逆"義項有反義關係。

例110：將以識夫愛人利人，順天之意，得天之賞者也。（卷七，天志中第二十七，205）

例111：此上逆聖王之書，內逆民人孝子之行，而為上士於天下，此非所以為上士之道也。（卷八，明鬼下第三十一，250）

順：依循，順從。《釋名·釋言語》："順，循也。循其理也。"《廣韻·稕

韻》:"順,從也。"

逆:違背,悖逆。《釋名·釋言語》:"逆,遻也。遻,不從其理則生殿遻,不順也。"《玉篇·辵部》:"逆,不從也。"

"順"的"依循,順從"義項和"逆"的"違背,悖逆"義項有反義關係。

## 58. 冬—夏

《墨子》中"冬"出現18次。用作"冬季,冬天"之義。

《墨子》中"夏"出現53次。義項分別為:①四季的第二季,夏季。②夏朝。③夏楚,古代木制刑具。

"冬"與"夏"的詞義具有相對關係。具體為"冬"的"冬季,冬天"義項和"夏"的"夏季"義項有反義關係。

例112:其為衣裘何?以為<u>冬</u>以圉寒,<u>夏</u>以圉暑。(卷六,節用上第二十,159)

"冬"的"冬季,冬天"義項和"夏"的"夏季"義項有反義關係。

## 59. 凶—吉

《墨子》中"凶"出現18次。義項分別為:①不吉利,災凶,凶險。②穀物不收,年成不好。③荒年。

《墨子》中"吉"出現5次。用作"吉祥,吉利"之義。

"凶"的"不吉利,災凶,凶險"義項和"吉"的"吉祥,吉利"義項有反義關係。

例113:君子不鏡於水而鏡於人,鏡於水,見面之容,鏡於人,則知<u>吉</u>與<u>凶</u>。(卷五,非攻中第十八,139)

凶:不吉利,災凶,凶險。《爾雅·釋言》:"凶,咎也。"《廣韻·鐘韻》:"凶,禍也。"

吉:吉祥,吉利。《說文·口部》:"吉,善也。"《文選·張衡〈東京賦〉》:"祚靈主以元吉。"薛綜注:"吉,福也。"

"凶"的"不吉利,災凶,凶險"義項和"吉"的"吉祥,吉利"義項有反義關係。

## 60. 凶—豐

《墨子》中"凶"出現 18 次。義項分別為：①不吉利，災凶，凶險。②穀物不收，年成不好。③荒年。

《墨子》中"豐"出現 2 次。義項分別為：①豐茂。②豐收，年成好。

"凶"的"穀物不收，年成不好"義項和"豐"的"豐收，年成好"義項有反義關係。

例 114：今歲<u>凶</u>、民饑、道餓，重其子此疲於隊，其可無察邪？（卷一，七患第五，27）

例 115：夫民何常此之有？為者疾，食者衆，則歲無<u>豐</u>。（卷一，七患第五，28）

凶：《墨子大詞典》認為在《墨子》中"凶"有"穀物不收，年成不好"義項。（《墨子大詞典》，372）

豐：《墨子大詞典》認為在《墨子》中"豐"有"豐收，年成好"義項。（《墨子大詞典》，85）

"凶"的"穀物不收，年成不好"義項和"豐"的"豐收，年成好"義項有反義關係。

## 61. 起—止

《墨子》中"起"出現 34 次。義項分別為：①站起，躍起。②使動，使……起來。③動身。④發生，產生。⑤開始。

《墨子》中"止"出現 83 次。義項分別為：①停止，終止。②靜止。③阻止，禁止。④為止，足夠。⑤滯留。⑥非，駁斥。⑦罷了。⑧通"址"。⑨義通"只"，僅。

"起"與"止"在"開始與否"上構成相反意義。具體為"起"的"開始"義項和"止"的"停止，終止"義項有反義關係。

例 116：弩八，八發而<u>止</u>。（卷十五，迎敵祠第六十八，573）

例 117：<u>起</u>於中緣正而長其直也。（卷十，經說下第四十三，367）

起：開始。清·段玉裁《說文解字注·走部》："起，引申之為凡始事、凡興作之偁。"

止：停止，終止。《廣韻·止韻》："止，停也。"

"起"的"開始"義項和"止"的"停止,終止"義項有反義關係。

## 62. 春—秋

《墨子》中"春"出現13次。義項分別為：①春天,春季。②假設的人名。

《墨子》中"秋"出現11次。義項分別為：①四季的第三季,秋季。②蒿草。

"春"和"秋"的詞義具有相對關係。"春"的"春季"義項和"秋"的"秋季"義項有反義關係。

例118：春則廢民耕稼樹藝,秋則廢民穫斂。（卷五,非攻中第十八,130）

例119：其事鬼神也,酒醴粢盛不敢不蠲潔,犧牲不敢不腯肥,珪璧幣帛不敢不中度量,春秋祭祀不敢失時幾,聽獄不敢不中,分財不敢不均,居處不敢怠慢。（卷三,尚同中第十二,83）

"春"的"春季"義項和"秋"的"秋季"義項有反義關係。

## 63. 幾—固

《墨子》中"幾"出現6次。義項分別為：①危險。②衰微。

《墨子》中"固"出現48次。義項分別為：①牢固,堅固。②鞏固,加強。③本來。④通"故",以前。

"幾"與"固"在"危險與否"這一義位上構成相反意義。具體為"幾"的"危險"義項和"固"的"牢固,堅固"義項有反義關係。

例120：本不固者末必幾,雄而不脩者其後必惰,原濁者流不清,行不信者名必耗。（卷一,修身第二,10）

幾：危險。《爾雅·釋詁下》："幾,危也。"郭璞注："幾,猶殆也。"

固：牢固,堅固。《玉篇·囗部》："固,堅固也。"清段玉裁《說文解字注·囗部》："凡堅牢曰固。"

"幾"的"危險"義項和"固"的"牢固,堅固"義項有反義關係。

## 64. 細—大

《墨子》中"細"出現4次。義項分別為：①橫剖面小,與"粗"相對。

②小的方面，小事。

《墨子》中"大"出現 395 次。義項分別為：①在體積、面積、力量等方面超過一般的所比對象，與"小"相對。②增大，擴大。③規模大，程度深或範圍廣。④大的方面，大事物，大道理。⑤粗。⑥指容量、體積、空間的大小。⑦大國。

"細"的"小的方面，小事"義項和"大"的"大的方面，大事物，大道理"義項有反義關係。

例 121：此吾所謂君子明<u>細</u>而不明<u>大</u>也。（卷七，天志中第二十七，202）

細：《墨子大詞典》認為在《墨子》中"細"有"小，小事"義項。（《墨子大詞典》，357）

大：《墨子大詞典》認為在《墨子》中"大"有"大的方面"義項。（《墨子大詞典》，51）

"細"的"小的方面，小事"義項和"大"的"大的方面，大事物，大道理"義項有反義關係。

## 65. 君—臣

《墨子》中"君"出現 328 次。義項分別為：①國君，君主。②用作動詞，統治。

《墨子》中"臣"出現 81 次。義項分別為：①君主時代的官吏。②臣民，百姓。③僕人。④秦漢前自稱的謙詞。

"君"與"臣"的詞義具有相對關係。具體為"君"的"國君，君主"義項和"臣"的"官吏"義項有反義關係。

例 122：是故偪<u>臣</u>傷<u>君</u>，諂下傷上。<u>君</u>必有弗弗之<u>臣</u>，上必有詻詻之下。（卷一，親士第一，3）

君：國君，君主。《禮記·表記》："以敬事其君長。"孔穎達疏："君謂天子。"

臣：君主時代的官吏。《詩·周頌·臣工》："嗟嗟臣工，敬爾在公。"鄭玄箋："臣謂諸侯也。"《禮記·禮運》："君危也，則大臣倍，小臣竊。"孔穎達疏："大臣謂大夫以上……小臣士以下。"

"君"的"國君，君主"義項和"臣"的"官吏"義項有反義關係。

## 66. 闇—明

《墨子》中"闇（暗）"出現1次。用作"不明，糊塗"之義。

《墨子》中"明"出現136次。義項分別為：①明亮，光明。②明白，清楚。③知曉，懂得。④公開，明處。⑤顯明，彰明。⑥明智，英明。⑦賢明的人。⑧眼明，視力好。⑨眼珠，瞳人。⑩嚴明。⑪說明，證明。⑫明確，明晰。

"闇"與"明"在"知曉與否"這一義位上構成相反意義。具體為"闇"的"不明，糊塗"義項和"明"的"知曉，懂得"義項有反義關係。

例123：是故置本不安者，無務豐末；近者不親，無務來遠；親戚不附，無務外交；事無終始，無務多業；舉物而闇，無務博聞。（卷一，修身第二，8）

例124：凡望氣，有大將氣，有小將氣，有往氣，有來氣，有敗氣，能得明此者可知成敗、吉凶。（卷十五，迎敵祠第六十八，574）

闇：不明，糊塗。《一切經音義》卷六十七引《埤蒼》："闇，劣弱也。"

明：知曉，懂得。《廣雅‧釋詁一》："明，通也。"《韓非子‧外儲說右下》："爵祿生於功，誅罰生於罪，臣明於此，則盡死力而非忠君也。"

"闇"的"不明，糊塗"義項和"明"的"知曉，懂得"義項有反義關係。

## 67. 月—日

《墨子》中"月"出現21次。義項分別為：①月亮。②計時單位。

《墨子》中"日"出現80次。義項分別為：①太陽。②白天。③天，一晝夜。④一天天地，每天。⑤日子。⑥時間，光陰。⑦當日，當天。

"月"與"日"的詞義具有相對關係。具體為"月"的"月亮"義項和"日"的"太陽"義項有反義關係。

例125：卽此言文王之兼愛天下之博大也，譬之日月兼照天下之無有私也。（卷四，兼愛下第十六，121）

例126：日月不時，寒暑雜至，五穀焦死。（卷五，非攻下第十九，149）

"月"的"月亮"義項和"日"的"太陽"義項有反義關係。

## 68. 同—異

《墨子》中"同"出現174次。義項分別為：①相同，一樣。②共同，一起。③不同事物中的相同點。

《墨子》中"異"出現87次。義項分別為：①不同，相異。②區別。③各種。④異常。⑤另外，別的。⑥別人的。⑦歧義。

"同"與"異"在"相同與否"這一義位上構成相反意義。具體為"同"的"相同，一樣"義項和"異"的"不同，相異"義項有反義關係。

例127：夫辯者，將以明是非之分，審治亂之紀，明<u>同異</u>之處，察名實之理，處利害，決嫌疑。（卷十一，小取第四十五，415）

例128：<u>同異</u>交得，放有無。（卷十，經上第四十，316）

同：相同，一樣。《易·乾》："同聲相應，同氣相求。"

異：不同，相異。《玉篇·異部》："異，殊也。"清段玉裁《說文解字注·異部》："異，分之則有彼此之異。"

"同"的"相同，一樣"義項和"異"的"不同，相異"義項有反義關係。

## 69. 閉—開

《墨子》中"閉"出現12次。義項分別為：①關，合。②指門的開關。

《墨子》中"開"出現3次。用作"開啟，打開"之義。

"閉"與"開"在"開啟與否"這一義位上構成相反意義。具體為"閉"的"關，合"義項和"開"的"開啟，打開"義項有反義關係。

例129：宿鼓在守大門中，莫，令騎若使者操節<u>閉</u>城者，皆以執毚。（卷十五，號令第七十，598）

閉：《墨子大詞典》認為在《墨子》中"閉"有"關，合"義項。（《墨子大詞典》，12）

例130：晨見掌文，鼓縱行者，諸城門吏各入請籥，<u>開</u>門已，輒復上籥。（卷十五，號令第七十，598）

開：開啟，打開。《說文》："開，張也。"

"閉"的"關，合"義項和"開"的"開啟，打開"義項有反義關係。

## 70. 闔—開

《墨子》中"闔"出現4次。用作"關閉"之義。

《墨子》中"開"出現3次。用作"開啟，打開"之義。

"阖"与"开"在"开启或关闭"上构成相反意义。具体为"阖"的"关闭"义项和"开"的"开启,打开"义项有反义关系。

例 131:譬之富者有高墙深宫,墙立既,谨上为凿一门,有盗人入,阖其自入而求之,盗其无自出。(卷二,尚贤上第八,45)

例 132:晨见掌文,鼓纵行者,诸城门吏各入请籥,开门已,辄复上籥。(卷十五,号令第七十,598)

阖:关闭。《说文·门部》:"阖,闭也。"

开:开启,打开。《说文》:"开,张也。"

"阖"的"关闭"义项和"开"的"开启,打开"义项有反义关系。

### 71. 问—答

《墨子》中"问"出现 74 次。义项分别为:①提问,询问。②请教。③管,干预。④问候。⑤追究,考察。

《墨子》中"答"出现 1 次。用作"应答"之义。

"问"与"答"的词义具有相对关系。具体为"问"的"提问,询问"义项和"答"的"应答"义项有反义关系。

例 133:诸城门若亭,谨候视往来行者符,符传疑,若无符,皆诣县廷言,请问其所使;其有符传者,善舍官府。其有知识、兄弟欲见之,为召,勿令里巷中。三老、守闾令属缮夫为答。(卷十五,号令第七十,602)

问:提问,询问。《说文》:"问,讯也。"《论语·泰伯》:"以能问于不能,以多问于寡。"

答:应答。《正字通·竹部》:"答,应辞也。"

"问"的"提问,询问"义项和"答"的"应答"义项有反义关系。

### 72. 方—圆

《墨子》中"方"出现 92 次。义项分别为:①方形。②方圆,见方。③立方,立方体。④法则,道理。⑤比方,类推。⑥古代祭祀名。⑦通"防"。⑧"房"之借字,房子。⑨义犹"并"。⑩锹、锄器具。⑪副词,正,正在。

《墨子》中"圆"出现 1 次。用作"圆形"之义。

"方"与"圆"的词义具有相对关系。具体为"方"的"方形"义项和"圆"的"圆形"义项有反义关系。

例 134：百工爲方以矩，爲圓以規，直以繩，正以縣。（卷一，法儀第四，21）

徐朝華在《上古漢語詞彙史》中說到："'方'和'圓'兩個詞一個表示方形，一個表示圓形，兩者之間客觀上並無矛盾、對立的關係。古人認爲天是'圓'的、地是'方'的，用'圓'指天，用'方'指地。天地是相對的，因而認爲方和圓也是相對的，於是把'方'和'圓'看成反義詞。"①

"方"的"方形"義項和"圓"的"圓形"義項有反義關係。

## 73. 今—昔

《墨子》中"今"出現 313 次。義項分別爲：①現在，當今。②連詞，表假設。③猶"夫"，語氣助詞。

《墨子》中"昔"出現 101 次。義項分別爲：①從前，指古時。②先前，舊有。

"今"與"昔"在"現在或從前"上構成相反意義。具體爲"今"的"現在，當今"義項和"昔"的"從前"義項有反義關係。

例 135：今逮至昔者三代聖王既没，天下失義，後世之君子，或以厚葬久喪以爲仁也，義也，孝子之事也；或以厚葬久喪以爲非仁義，非孝子之事也。（卷六，節葬下第二十五，170）

例 136：昔上世之窮民，貪於飲食，惰於從事。（卷九，非命上第三十五，271）

例 137：今歲凶、民饑、道餓，重其子此疲於隊，其可無察邪？（卷一，七患第五，27）

今：現在，當今。《說文·亼部》："今，是時也。"

昔：從前，指古時。《廣雅·釋詁一》："昔，始也。"《玉篇·日部》："昔，往也。"

"今"的"現在，當今"義項和"昔"的"從前"義項有反義關係。

## 74. 益—害

《墨子》中"益"出現 36 次。義項分別爲：①益處、用處。②增加，增

---

① 徐朝華. 上古漢語詞彙史[M]. 北京：商務印書館，2003.

益。③更，更加。④富足，殷實。⑤獎賞。

《墨子》中"害"出現96次。義項分別為：①害處，禍害。②殘害，傷害。③損壞，損害。④妨礙，影響。⑤要害。

"益"的"益處、用處"義項和"害"的"害處，禍害"義項有反義關係。

例138：執有命者之言曰："命富則富，命貧則貧，命衆則衆，命寡則寡，命治則治，命亂則亂，命壽則壽，命夭則夭，命，雖強勁，何益哉？"（卷九，非命上第三十五，265）

例139：斷指以存掔，利之中取大，害之中取小也。（卷十一，大取第四十四，404）

益：益處、用處。《書·大禹謨》："滿招損，謙受益。"
害：害處，禍害。《說文》："害，傷也。"

"益"的"益處、用處"義項和"害"的"害處，禍害"義項有反義關係。

### 75. 害—利

《墨子》中"害"出現96次。義項分別為：①害處，禍害。②殘害，傷害。③損壞，損害。④妨礙，影響。⑤要害。

《墨子》中"利"出現378次。義項分別為：①利益，好處。②利潤，財利。③有利，利于。④獲利。⑤便利，方便。⑥鋒利，銳利。⑦使動，使……伶俐。

"害"的"害處，禍害"義項和"利"的"利益，好處"義項有反義關係。

例140：斷指以存掔，利之中取大，害之中取小也。（卷十一，大取第四十四，404）

害：害處，禍害。《說文》："害，傷也。"
利：利益，好處。《墨子·經上》："利，所得而喜也。"《正字通·刀部》："利，害之反也。"

"害"的"害處，禍害"義項和"利"的"利益，好處"義項有反義關係。

### 76. 益—損

《墨子》中"益"出現36次。義項分別為：①益處、用處。②增加，增益。③更，更加。④富足，殷實。⑤獎賞。

《墨子》中"損"出現17次。義項分別為：①減少，損失。②損害，衰敗。

"益"的"增加，增益"義項和"損"的"減少，損失"義項有反義關係。

例 141：有去大人之好聚珠玉、鳥獸、犬馬，以益衣裳、宮室、甲盾、五兵、舟車之數於數倍乎！（卷六，節用上第二十，161）

例 142：歲饉，則仕者大夫以下皆損祿五分之一。（卷一，七患第五，26）

例 143：壽夭貧富，安危治亂，固有天命，不可損益。（卷九，非儒下第三十九，290）

益：增加，增益。《廣雅·釋詁二》："益，加也。"《廣韻·昔韻》："益，增也。"

損：減少，損失。《說文·手部》："損，減也。"《玉篇·手部》："損，減少也。"

"益"的"增加，增益"義項和"損"的"減少，損失"義項有反義關係。

## 77. 合—分

《墨子》中"合"出現41次。義項分別為：①符合，吻合。②綜合，結合。③會合，聚合。④閉，合攏。⑤包括。⑥一致。⑦通"和"，和睦，融洽。

《墨子》中"分"出現67次。義項分別為：①分給，分配。②使整體變成幾部分，或表分數。③分開，劃分。④差別，界限。⑤分封。⑥分管。⑦分辨，區分。⑧分頭，各自。

"合"與"分"在"分開與否"這一義位上構成相反意義。具體為"合"的"會合，聚合"義項和"分"的"分開，劃分"義項有反義關係。

例 144：其三年，周宣王合諸侯而田於圃，田車數百乘，從數千，人滿野。（卷八，明鬼下第三十一，224）

例 145：里中父老小不舉守之事及會計者，分里以為四部，部一長，以苛往來，不以時行、行而有他異者，以得其姦。（卷十五，號令第七十，590）

合：會合，聚合。《國語·楚語下》："於是乎合其州鄉朋友婚姻，比爾兄弟親戚。"韋昭注："合，會也。"

分：分開，劃分。《說文·八部》："分，別也。"桂馥義證："'別也'者，本書云：別，分解也。"

"合"的"會合，聚合"義項和"分"的"分開，劃分"義項有反義關係。

## 78. 合—開

《墨子》中"合"出現41次。義項分別為：①符合，吻合。②綜合，結合。③會合，聚合。④閉，合攏。⑤包括。⑥一致。⑦通"和"，和睦，融洽。

《墨子》中"開"出現3次。義項分別為：開啟，打開。

"合"與"開"在"合攏與否"這一義位上構成相反意義。具體為"合"的"閉，合攏"義項和"開"的"開啟，打開"義項有反義關係。

例146：晨見掌文，鼓縱行者，諸城門吏各入請籥，開門已，輒復上籥。（卷十五，號令第七十，598）

例147：兩材合而為之輻，輻長二尺，中鑿夫之為道臂，臂長至桓。（卷十四，備城門第五十二，504）

合：閉，合攏。《說文·亼部》："合，合口也。"

開：《墨子大詞典》認為在《墨子》中"開"有"開啟，打開"義項。（《墨子大詞典》，175）

"合"的"閉，合攏"義項和"開"的"開啟，打開"義項有反義關係。

## 79. 取—舍

《墨子》中"取"出現72次。義項分別為：①選取，採用。②拿，拿來。③得到。④攻取。⑤竊取，搶奪。⑥抓到，俘獲。⑦邏輯方法，歸納。⑧同"娶"，與"嫁"相對。⑨義通"聚"，聚集，儲存。⑩取譬，譬喻。

《墨子》中"舍"出現43次。義項分別為：①捨弃，放棄。②施捨，給予。

"取"與"舍"在"選取與否"這一義位上構成相反意義。具體為"取"的"選取，採用"義項和"舍"的"捨弃，放棄"義項有反義關係。

例148：仁人以其取舍是非之理相告，無故從有故也，弗知從有知也，無辭必服，見善必遷，何故相？（卷九，非儒下第三十九，295）

取：選取，採用。《漢書·賈誼傳》："為人主計者，莫如先審取舍。"顏師古注："取，謂所則用也。"

舍：捨弃，放棄。《廣韻·馬韻》："舍"，同"捨"。

"取"的"選取，採用"義項和"舍"的"捨弃，放棄"義項有反義關係。

## 80. 取（娶）—嫁

《墨子》中"取"出現72次。義項分別為：①選取，採用。②拿，拿來。③得到。④攻取。⑤竊取，搶奪。⑥抓到，俘獲。⑦邏輯方法，歸納。⑧同"娶"，與"嫁"相對。⑨義通"聚"，聚集，儲存。⑩取譬，譬喻。

《墨子》中"嫁"出現1次。用作"婚嫁"。

"取"與"嫁"的詞義具有相對關係。具體為"取"的"娶"義項和"嫁"的"婚嫁"義項有反義關係。

例149：取妻，身迎，祇褍爲僕，秉轡授綏，如仰嚴親，昏禮威儀，如承祭祀。（卷九，非儒下第三十九，288）

例150：若敗邦鬻室，嫁子無子。（卷十，經說下第四十三，373）

取：同"娶"，與"嫁"相對。《說文通訓定聲·需部》："取，叚借爲娶。"
嫁：婚嫁。《說文·女部》："嫁，女適人也。"
"取"的"娶"義項和"嫁"的"婚嫁"義項有反義關係。

## 81. 父—子

《墨子》中"父"出現93次。用作"父親"之義。

《墨子》中"子"出現1375次。義項分別為：①兒子。②古代學生對老師的尊稱。③古代對男人的尊稱或美稱，猶"先生"。④第二人稱代詞，你。⑤子女。⑥代指人。⑦愛。

"父"與"子"的詞義具有相對關係。具體為"父"的"父親"義項和"子"的"子女"義項有反義關係。

例151：今有子先其父死，弟先其兄死者矣。（卷八，明鬼下第三十一，249）

父：父親。《說文·又部》："父，矩也，家長率教者。"《釋名·釋親屬》："父，甫也，始生己也。"
子：子女。《廣韻·止韻》："子，子息。"
"父"的"父親"義項和"子"的"子女"義項有反義關係。

## 82. 母—子

《墨子》中"母"出現38次。用作"母親"之義。

《墨子》中"子"出現 1375 次。義項分別為：①兒子。②古代學生對老師的尊稱。③古代對男人的尊稱或美稱，猶"先生"。④第二人稱代詞，你。⑤子女。⑥代指人。⑦愛。

"母"與"子"的詞義具有相對關係。具體為"母"的"母親"義項和"子"的"子女"義項有反義關係。

例 152：今有負其子而汲者，隊其子於井中，其母必從而道之。（卷一，七患第五，27）

例 153：處室子，子母長少也。（卷十，經說上第四十二，353）

母：《墨子大詞典》認為在《墨子》中"母"有"母親"義項。（《墨子大詞典》，214）

子：子女。《廣韻·止韻》："子，子息。"

"母"的"母親"義項和"子"的"子女"義項有反義關係。

## 83. 父—母

《墨子》中"父"出現 93 次。用作"父親"義。

《墨子》中"母"出現 38 次。用作"母親"義。

"父"和"母"的詞義具有相對關係。

例 154：幼弱孤童之無父母者，有所放依以長其身。（卷四，兼愛下第十六，116）

例 155：若是，則先死者非父則母，非兄而姒也。（卷八，明鬼下第三十一，249）

## 84. 尊—卑

《墨子》中"尊"出現 27 次。義項分別為：①尊敬，尊崇。②尊重。③尊貴，高貴。④通"遵"，遵照。⑤義通"撙"，減少。⑥猶"專"。

《墨子》中"卑"出現 6 次。義項分別為：①謙恭。②卑賤，地位低下。③低矮。

"尊"的"尊貴，高貴"義項和"卑"的"卑賤，地位低下"義項有反義關係。

例 156：儒者曰："親親有術，尊賢有等。"言親疏尊卑之異也。（卷九，

非儒下第三十九，287）

例157：若以<u>尊卑</u>爲歲月數，則是尊其妻子與父母同。（卷九，非儒下第三十九，287）

尊：尊貴，高貴。《廣韻·魂韻》："尊，貴也。"

卑：卑賤，地位低下。《說文·十部》："卑，賤也。"

"尊"的"尊貴，高貴"義項和"卑"的"卑賤，地位低下"義項有反義關係。

## 85. 孰－凶

《墨子》中"孰"出現42次。義項分別為：①誰，哪個，什麼。②通"熟"，成熟。③通"熟"，豐年。

《墨子》中"凶"出現18次。義項分別為：①不吉利，災凶，凶險。②穀物不收，年成不好。③荒年。

"孰"的"豐年"義項和"凶"的"荒年"義項有反義關係。

例158：二子事親，或遇<u>孰</u>，或遇<u>凶</u>，其親也相若。（卷十一，大取第四十四，412）

孰：《墨子大詞典》認為在《墨子》中"孰"有"豐年"義項。（《墨子大詞典》，300）

凶：荒年。《周禮·地官·司關》："國凶札，則無關門之征。"鄭玄注："凶，謂凶年，饑荒也。"

"孰"的"豐年"義項和"凶"的"荒年"義項有反義關係。

## 86. 慈－孝

《墨子》中"慈"出現25次。用作"仁慈，慈愛"之義。

《墨子》中"孝"出現48次。義項分別為：①孝道。②孝順，孝敬。③盡孝。

"慈"與"孝"的詞義具有相對關係。具體為"慈"的"仁慈，慈愛"義項和"孝"的"孝順，孝敬"義項有反義關係。

例159：故凡從事此者，寇亂也，盜賊也，不仁不義，不忠不惠，不<u>慈</u>不<u>孝</u>，是故聚斂天下之惡名而加之。（卷七，天志下第二十八，213）

例 160：又與爲人君者之不惠也，臣者之不忠也，父者之不慈也，子者之不孝也，此又天下之害也。（卷四，兼愛下第十六 114）

慈：仁慈，慈愛。《說文·心部》："慈，愛也。"《周禮·地官·大司徒》："一曰慈幼。"鄭玄注："慈幼，謂愛幼少也。"上愛下曰慈。

孝：孝順，孝敬。《爾雅·釋訓》："善父母爲孝。"

"慈"的"仁慈，慈愛"義項和"孝"的"孝順，孝敬"義項有反義關係。

## 87. 哀－喜

《墨子》中"哀"出現 9 次。義項分別爲：①悲哀，哀悼。②憐憫。

《墨子》中"喜"出現 15 次。義項分別爲：①喜悅、高興。②通"嬉"，嬉戲，戲弄。

"哀"的"悲哀，哀悼"義項和"喜"的"喜悅、高興"義項有反義關係。

例 161：問於若國之士，孰喜孰懼？（卷二，尚賢下第十，66）

例 162：君子戰雖有陳，而勇爲本焉；喪雖有禮，而哀爲本焉；士雖有學，而行爲本焉。（卷一，修身第二，8）

哀：悲哀，哀悼。《玉篇·口部》："哀，哀傷也。"

喜：喜悅、高興。《說文·口部》："喜，樂也。"《玉篇·口部》："喜，悅也。"

"哀"的"悲哀，哀悼"義項和"喜"的"喜悅、高興"義項有反義關係。

## 88. 哀－樂

《墨子》中"哀"出現 9 次。義項分別爲：①悲哀，哀悼。②憐憫。

《墨子》中"樂"出現 84 次。義項分別爲：①遊樂，享樂。②樂意。③快樂。④使動用法，使……快樂。

"哀"的"悲哀，哀悼"義項和"樂"的"快樂"義項有反義關係。

例 163：守以令益邑中豪傑力鬭諸有功者，必身行死傷者家以弔哀之，身見死事之後。（卷十五，號令第七十，604）

例 164：子墨子曰："必去六辟。嘿則思，言則誨，動則事，使三者代御，必爲聖人。必去喜，去怒，去樂，去悲，去愛，而用仁義。手足口鼻耳，從事於義，必爲聖人。"（卷十二，貴義第四十七，442）

哀：悲哀，哀悼。《玉篇·口部》："哀，哀傷也。"
樂：快樂。《廣韻·鐸韻》："樂，喜樂。"
"哀"的"悲哀，哀悼"義項和"樂"的"快樂"義項有反義關係。

## 89. 悲—喜

《墨子》中"悲"出現 2 次。用作"悲傷"之義。

《墨子》中"喜"出現 15 次。義項分別為：①喜悅、高興。②通"嬉"，嬉戲，戲弄。

"悲"的"悲傷"義項和"喜"的"喜悅、高興"義項有反義關係。

例 165：子墨子曰："世俗之君子，貧而謂之富則怒，無義而謂之有義則喜。豈不悖哉？"（卷十一，耕柱第四十六，434）

例 166：子墨子曰："必去六辟。嘿則思，言則誨，動則事，使三者代御，必為聖人。必去喜，去怒，去樂，去悲，去愛，而用仁義。手足口鼻耳，從事於義，必為聖人。"（卷十二，貴義第四十七，442）

悲：悲傷。《正字通·心部》："悲，感也。"
喜：喜悅、高興。《說文·口部》："喜，樂也。"《玉篇·口部》："喜，悅也。"

"悲"的"悲傷"義項和"喜"的"喜悅、高興"義項有反義關係。

## 90. 悲—樂

《墨子》中"悲"出現 2 次。用作"悲傷"之義。

《墨子》中"樂"出現　次。義項分別為：①遊樂，享樂。②樂意。③快樂。④使動用法，使……快樂。

"悲"的"悲傷"義項和"樂"的"快樂"義項有反義關係。

例 167：子墨子曰："必去六辟。嘿則思，言則誨，動則事，使三者代御，必為聖人。必去喜，去怒，去樂，去悲，去愛，而用仁義。手足口鼻耳，從事於義，必為聖人。"（卷十二，貴義第四十七，442）

悲：悲傷。《正字通·心部》："悲，感也。"
樂：快樂。《廣韻·鐸韻》："樂，喜樂。"

"悲"的"悲傷"義項和"樂"的"快樂"義項有反義關係。

## 91. 起—坐

《墨子》中"起"出現 34 次。義項分別為：①站起，躍起。②使動，使……起來。③動身。④發生，產生。⑤開始。

《墨子》中"坐"出現 22 次。義項分別為：①臀部放於某物體上，支持身體的重量。②坐次。③坐守。④獲罪。

"起"與"坐"的詞義具有相對關係。具體為"起"的"站起，躍起"義項和"坐"的"臀部放於某物體上，支持身體的重量"義項有反義關係。

例 168：又曰上士之操喪也，必扶而能<u>起</u>，杖而能行，以此共三年。（卷六，節葬下第二十五，174）

例 169：今士<u>坐</u>而言義，無關梁之難，盜賊之危，此為信徒，不可勝計，然而不為。（卷十二，貴義第四十七，447）

起：站起，跃起。《说文·走部》："起，能立也。"《廣雅·釋詁四》："起，立也。"

坐：《墨子大詞典》認為在《墨子》中"坐"有"臀部放於某物體上，支持身體的重量"義項。（《墨子大詞典》，462）

"起"的"站起，躍起"義項和"坐"的"臀部放於某物體上，支持身體的重量"義項有反義關係。

## 92. 坐—立

《墨子》中"坐"出現 22 次。義項分別為：①臀部放於某物體上，支持身體的重量。②坐次。③坐守。④獲罪。

《墨子》中"立"出現 82 次。義項分別為：①站立。②豎起，使直立。③設置，建立。④確立，確定。⑤存在。⑥扶立，使之即位。⑦擺放，排列。⑧立刻，馬上。

"坐"與"立"的詞義具有相對關係。具體為"坐"的"臀部放於某物體上，支持身體的重量"義項和"立"的"站立"義項有反義關係。

例 170：故曰官府選劾，必先祭器祭服，畢藏於府，祝宗有司，畢<u>立</u>於朝，犧牲不與昔聚羣。（卷八，明鬼下第三十一，237）

例 171：諸門下朝夕立若<u>坐</u>，各令以年少長相次，旦夕就位，先佑有功有能，其餘皆以次<u>立</u>。（卷十五，號令第七十，597）

坐：《墨子大詞典》認為在《墨子》中"坐"有"臀部放於某物體上，支持身體的重量"義項。(《墨子大詞典》，462)

立：站立。《說文·立部》："立，住也。"

"坐"的"臀部放於某物體上，支持身體的重量"義項和"立"的"站立"義項有反義關係。

## 93. 寧—危

《墨子》中"寧"出現8次。義項分別為：①安定，安寧。②歸，返回。

《墨子》中"危"出現30次。義項分別為：①危險，危急。②危險的局面或情況。③義通"詭"，違反，錯訛。

"寧"與"危"在"安定與否"這一義位上構成相反意義。具體為"寧"的"安定，安寧"義項和"危"的"危險，危急"義項有反義關係。

例 172：曰：彼以爲強必治，不強必亂；強必寧，不強必危，故不敢怠倦。(卷九，非命下第三十七，283)

寧：安定，安寧。《廣韻·青韻》："寧，安也。"《左傳·定公五年》："及寧，王欲殺之。"杜預注："寧，安定也。"

危：危險，危急。《左傳·昭公十八年》："小國忘守則危，況有災乎？"

"寧"的"安定，安寧"義項和"危"的"危險，危急"義項有反義關係。

## 94. 安—危

《墨子》中"安"出現40次。義項分別為：①安全，平安。②安全的局面或情況。③使動用法，使……平安。④舒適，安逸。⑤習慣于，滿足于。⑥乃。⑦疑問代詞。

《墨子》中"危"出現30次。義項分別為：①危險，危急。②危險的局面或情況。③義通"詭"，違反，錯訛。

(1)"安"與"危"在"安全與危險"這一義位上構成相反意義。具體為"安"的"安全，平安"義項和"危"的"危險，危急"義項有反義關係。

例 173：又以命為有，貧富壽夭，治亂安危有極矣，不可損益也，為上者行之，必不聽治矣。(卷十二，公孟第四十八，459)

安：安全，平安。《爾雅·釋詁》："安，定也。"《玉篇·宀部》："安，安定也。"

危：危險，危急。《左傳·昭公十八年》："小國忘守則危，況有災乎？"
"安"的"安全，平安"義項和"危"的"危險，危急"義項有反義關係。

（2）"安"與"危"在"安全或危險的局面或情況"這一義位上構成相反意義。具體為"安"的"安全的局面或情況"義項和"危"的"危險的局面或情況"義項有反義關係。

例174：安則示以危，危示以安。（卷十五，襍守第七十一，632）

安：《墨子大詞典》認為在《墨子》中"安"有"安全的局面或情況"義項。《墨子大詞典》，1）

危：《墨子大詞典》認為在《墨子》中"危"有"危險的局面或情況"義項。《墨子大詞典》，336）

"安"的"安全的局面或情況"義項和"危"的"危險的局面或情況"義項有反義關係。

## 95. 密—疏

《墨子》中"密"出現9次。義項分別為：①空隙小，跟"疏"相對。②嚴密。③多。④義通"陛"，臺階。

《墨子》中"疏"出現14次。義項分別為：①血緣關係"遠"。②空隙大。③文書。④通"蔬"，泛指糧食。

"密"的"空隙小"義項和"疏"的"空隙大"義項有反義關係。

例175：三十步置坐侯樓，樓出於堞四尺，廣三尺，廣四尺，板周三面，密傅之，夏蓋亓上。（卷十四，備城門第五十二，516）

例176：疏束樹木，令足以為柴摶，毋前面樹，長丈七尺一以為外面，以柴摶從橫施之，外面以強塗，毋令土漏。（卷十四，備城門第五十二，501）

密：空隙小。稠密，濃密。《易·小畜》："密云不雨。"
疏：空隙大。《玉篇·疋部》："疏，闊也。"
"密"的"空隙小"義項和"疏"的"空隙大"義項有反義關係。

## 96. 親—疏

《墨子》中"親"出現140次。義項分別為：①父母雙親。②疏遠，不親近。（血緣關係）"近"。③親愛，親近。④親自，親身。

《墨子》中"疏"出現14次。義項分別為：①（血緣關係）"遠"。②空隙大。③文書。④通"蔬",泛指糧食。

"親"的"血緣關係'近'"義項和"疏"的"血緣關係'遠'"義項有反義關係。

例177：言親疏尊卑之異也。（卷九，非儒下第三十九，287）

例178：使親者受內祀，疏者受外祀。（卷八，明鬼下第三十一，235）

親：《墨子大詞典》認為在《墨子》中"親"有"血緣關係'近'"義項。（《墨子大詞典》，243）

疏：《墨子大詞典》認為在《墨子》中"疏"有"血緣關係'遠'"義項。（《墨子大詞典》，300）

"親"的"血緣關係'近'"義項和"疏"的"血緣關係'遠'"義項有反義關係。

## 97. 日—夜

《墨子》中"日"出現80次。義項分別為：①太陽。②白天。③天，一晝夜。④一天天地，每天。⑤日子。⑥時間，光陰。⑦當日，當天。

《墨子》中"夜"出現22次。用作"夜晚，夜間"之義。

"日"與"夜"的詞義具有相對關係。具體為"日"的"白天"義項和"夜"的"夜晚，夜間"義項有反義關係。

例179：雖日夜相接以治若官，官猶若不治，此其故何也？（卷二，尚賢中第九，56）

日：《墨子大詞典》認為在《墨子》中"白"有"白天"義項。（《墨子大詞典》，259

夜：《墨子大詞典》認為在《墨子》中"夜"有"夜晚"義項。（《墨子大詞典》，385

"日"的"白天"義項和"夜"的"夜晚，夜間"義項有反義關係。

## 98. 守—伐

《墨子》中"守"出現181次。義項分別為：①防守，保衛。②防守崗位，區域。③守城主將。④守護，管理。⑤保持，保全。

《墨子》中"伐"出現51次。義項分別為：①砍伐。②征伐，討伐。③誇耀。④功，功勞，功德。

"守"與"伐"在"防守與否"上構成相反意義。具體為"守"的"防守,保衛"義項和"伐"的"征伐,討伐"義項有反義關係。

例180：以七患居國,必無社稷；以七患守城,敵至國傾。七患之所當,國必有殃。(卷一,七患第五,25)

例181：今有大國即攻小國,有大家即伐小家,強劫弱,眾暴寡,詐欺愚,貴傲賤,寇亂盜賊並興,不可禁止也。(卷八,非樂上第三十二,253)

守：防守,保衛。《玉篇·宀部》："守,護也。"
伐：征伐,討伐。《廣韻·月韻》："伐,征也。"

"守"的"防守,保衛"義項和"伐"的"征伐,討伐"義項有反義關係。

## 99. 守—攻

《墨子》中"守"出現181次。義項分別為：①防守,保衛。②防守崗位,區域。③守城主將。④守護,管理。⑤保持,保全。

《墨子》中"攻"出現149次。義項分別為：①攻打,進攻。②責難,辯難。③醫治。④開鑿。

"守"與"攻"在"防守與否"這一義位上構成相反意義。具體為"守"的"防守,保衛"義項和"攻"的"攻打,進攻"義項有反義關係。

例182：以七患居國,必無社稷；以七患守城,敵至國傾。七患之所當,國必有殃。(卷一,七患第五,25)

例183：今有大國即攻小國,有大家即伐小家,強劫弱,眾暴寡,詐欺愚,貴傲賤,寇亂盜賊並興,不可禁止也。(卷八,非樂上第三十二,253)

守：防守,保衛。《玉篇·宀部》："守,護也。"
攻：攻打,進攻。《說文·攴部》："攻,擊也。"《廣韻·東韻》："攻,攻擊。"

"守"的"防守,保衛"義項和"攻"的"攻打,進攻"義項有反義關係。

## 100. 寒—暑

《墨子》中"寒"出現38次。義項分別為：①寒冷。②指受凍的人。

《墨子》中"暑"出現7次。用作"炎熱"之義。

"寒"與"暑"在"寒冷或炎熱"上構成相反意義。具體為"寒"的"寒冷"義項和"暑"的"炎熱"義項有反義關係。

例184：曰："冬避寒焉，夏避暑焉，室以為男女之別也。"（卷十二，公孟第四十八，458）

寒：寒冷。《說文·宀部》："寒，凍也。"段玉裁注："凍當作冷。"

暑：炎熱。《說文·日部》："暑，熱也。"段玉裁注："暑與熱，渾言則一，故許以熱訓暑；析言則二……暑之義主謂濕，熱之義主謂燥。"

"寒"的"寒冷"義項和"暑"的"炎熱"義項有反義關係。

## 101. 寒—熱

《墨子》中"寒"出現38次。義項分別為：①寒冷。②指受凍的人。

《墨子》中"熱"出現10次。義項分別為：①火熱。②指火熱的東西。

"寒"與"熱"在"寒冷或火熱"上構成相反意義。具體為"寒"的"寒冷"義項和"熱"的"火熱"義項有反義關係。

例185：是以天之為寒熱也節，四時調，陰陽雨露也時，五穀孰，六畜遂，疾菑戾疫凶饑則不至。（卷七，天志中第二十七，201）

寒：寒冷。《說文·宀部》："寒，凍也。"段玉裁注："凍當作冷。"

熱：火熱。《說文·火部》："熱，溫也。"

"寒"的"寒冷"義項和"熱"的"火熱"義項有反義關係。

## 102. 通—塞

《墨子》中"通"出現28次。義項分別為：①到達。②透露、泄出。③通告，傳達。④通曉，精通。⑤貫通，通達。⑥連接，通暢。⑦使……暢通。⑧交通，道路。⑨皆，全部。⑩即"同"，共同。

《墨子》中"塞"出現18次。用作"堵塞，阻塞"之義。

"通"與"塞"在"通暢與否"這一義位上構成相反意義。具體為"通"的"連接，通暢"義項和"塞"的"堵塞，阻塞"義項有反義關係。

例186：若集客穴，塞之以柴塗，令無可燒版也。（卷十四，備穴第六十二，553）

例187：橐以牛皮，鑪有兩甌，以橋鼓之百十，每亦熏四十什，然炭杜之，滿鑪而蓋之，毋令氣出。適人疾近五百穴穴高若下，不至吾穴，即以伯

鑿而求通之。（卷十四，備穴第六十二，555）

例 188：閣通守舍，相錯穿室。（卷十五，襍守第七十一，630）

通：《墨子大詞典》認為在《墨子》中"通"有"連接，暢通"義項。（《墨子大詞典》，326）

塞：堵塞，阻塞。《莊子·天運》："塗卻守神，以物為量。"成玄英疏："塗，塞也。"

"通"的"連接，通暢"義項和"塞"的"堵塞，阻塞"義項有反義關係。

## 103. 宵—日

《墨子》中"宵"出現 3 次。用作"夜晚"之義。

《墨子》中"日"出現 80 次。義項分別為：①太陽。②白天。③天，一晝夜。④一天天地，每天。⑤日子。⑥時間，光陰。⑦當日，當天。

"宵"與"日"的詞義具有相對關係。具體為"宵"的"夜晚"義項和"日"的"白天"義項有反義關係。

例 189：遝至乎商王紂，天不序其德，祀用失時，兼夜中，十日雨土于薄，九鼎遷止，婦妖宵出，有鬼宵吟，有女為男，天雨肉，棘生乎國道，王兄自縱也。（卷五，非攻下第十九，151）

例 190：雖日夜相接以治若官，官猶若不治，此其故何也？（卷二，尚賢中第九，56）

宵：《說文·宀部》："宵，夜也。"段玉裁注："《周禮·司寤》：'禁宵行夜游者。'鄭（玄）云：'宵，定昏也。'"《爾雅·釋言》："宵，夜也。"

日：白天。《禮記·郊特牲》："郊之祭也，迎長日之至也。"鄭玄注："迎長日者，建卯而晝夜分，分而日長也。"

"宵"的"夜晚"義項和"日"的"白天"義項有反義關係。

## 104. 定—亂

《墨子》中"定"出現 9 次。義項分別為：①安定。②使……安定。③確定。

《墨子》中"亂"出現 148 次。義項分別為：①混亂，社會動蕩，不安定。②使動用法，使……混亂。③作亂，叛亂。④擾亂，侵奪。⑤雜亂，無條理。⑥昏亂，糊塗。⑦淫亂。

（1）"定"與"亂"在"安定或混亂"上構成相反意義。具體為"定"的"安定"義項和"亂"的"混亂，社會動蕩，不安定"義項有反義關係。

例191：君實欲天下之治而惡其亂也，當爲宮室不可不節。（卷一，辭過第六，31）

例192：且以爲若此，則天下之亂也，將屬可得而治也，社稷之危也，將屬可得而定也。（卷九，非命下第三十七，278）

定：安定。《說文·宀部》："定，安也。"

亂：混亂，社會動蕩，不安定。《廣韻·換韻》："亂，不理也。"

"定"的"安定"義項和"亂"的"混亂，社會動蕩，不安定"義項有反義關係。

（2）"定"與"亂"在"使……安定與否"這一義位上構成相反意義。具體為"定"的"使……安定"義項和"亂"的"使……混亂"義項有反義關係。

例193：意亦使法其言，用其謀，厚葬久喪實不可以富貧衆寡，定危理亂乎，此非仁非義，非孝子之事也，爲人謀者不可不沮也。（卷六，節葬下第二十五，171）

定：《墨子大詞典》認為在《墨子》中"定"有"使……安定"義項。（《墨子大詞典》，65）

例194：昔者聖王制爲五刑，以治天下，逮至有苗之制五刑，以亂天下。（卷三，尚同中第十二，84）

亂：《墨子大詞典》認為在《墨子》中"亂"有"使……混亂"義項。（《墨子大詞典》，200）

"定"的"使……安定"義項和"亂"的"使……混亂"義項有反義關係。

## 105. 定—危

《墨子》中"定"出現9次。義項分別為：①安定。②使……安定。③確定。

《墨子》中"危"出現30次。義項分別為：①危險，危急。②危險的局面或情況。③義通"詭"，違反，錯訛。

"定"與"危"在"安定或危險"上構成相反意義。具體為"定"的"安定"義項和"危"的"危險,危急"義項有反義關係。

例 195:且以爲若此,則天下之<u>亂</u>也,將屬可得而治也,社稷之<u>危</u>也,將屬可得而<u>定</u>也。(卷九,非命下第三十七,278)

定:安定。《說文・宀部》:"定,安也。"

危:危險,危急。《左傳・昭公十八年》:"小國忘守則危,況有災乎?"

"定"的"安定"義項和"危"的"危險,危急"義項有反義關係。

## 106. 亂—治

《墨子》中"亂"出現148次。義項分別為:①混亂,社會動蕩,不安定。②使動用法,使……混亂。③作亂,叛亂。④擾亂,侵奪。⑤雜亂,無條理。⑥昏亂,糊塗。⑦淫亂。

《墨子》中"治"出現294次。義項分別為:①治理。②安定,太平。③使動用法,使……安定。④平定。⑤醫治。⑥治罪。⑦政績。⑧修建,製作。⑨辦理,備辦。⑩生產。⑪訓養,長育。⑫整齊。⑬通"置",設置。

(1)"亂"與"治"在"安定與否"這一義位上構成相反意義。具體為"亂"的"混亂,社會動蕩,不安定"義項和"治"的"安定,太平"義項有反義關係。

例 196:君實欲天下之<u>治</u>而惡其<u>亂</u>也,當爲宮室不可不節。(卷一,辭過第六,31)

例 197:曰自貴且智者,爲政乎愚且賤者,則<u>治</u>;自愚賤者,爲政乎貴且智者,則<u>亂</u>。(卷二,尚賢中第九,49)

亂:混亂,社會動蕩,不安定。《廣韻・換韻》:"亂,不理也。"

治:安定,太平。《易・繫辭下》:"君子安而不忘危,存而不忘亡,治而不忘亂。"

"亂"的"混亂,社會動蕩,不安定"義項和"治"的"安定,太平"義項有反義關係。

(2)"亂"與"治"在"使……混亂或安定"這一義位上構成相反意義。具體為"亂"的"使……混亂"義項和"治"的"使……安定"義項有反義關係。

例 198:將以爲萬民興利除害,富貴貧寡,安危<u>治</u><u>亂</u>也。(卷三,尚同中

第十二，86）

例 199：昔者聖王制爲五刑，以治天下，逮至有苗之制五刑，以亂天下。（卷三，尚同中第十二，84）

亂：《墨子大詞典》認爲在《墨子》中"亂"有"使……混亂"義項。（《墨子大詞典》，200）

治：《墨子大詞典》認爲在《墨子》中"治"有"使……安定"義項。（《墨子大詞典》，440）

"亂"的"使……混亂"義項和"治"的"使……安定"義項有反義關係。

（3）"亂"與"治"在"作亂或平定"上構成相反意義。具體爲"亂"的"作亂，叛亂"義項和"治"的"平定"義項有反義關係。

例 200：爲人臣者，求之君而不得，不忠臣必且亂其上矣。（卷六，節葬下第二十五，178）

例 201：聖人以治天下爲事者也，必知亂之所自起，焉能治之，不知亂之所自起，則不能治。（卷四，兼愛上第十四，99）

"亂"的"作亂，叛亂"義項和"治"的"平定"義項有反義關係。

## 107．廢—立

《墨子》中"廢"出現 30 次。義項分別爲：①荒廢，耽誤。②停止。③黜免。④敗壞。⑤廢棄。⑥放置。

《墨子》中"立"出現 82 次。義項分別爲：①站立。②豎起，使直立。③設置，建立。④確立，確定。⑤存在。⑥扶立，使之即位。⑦擺放，排列。⑧立刻，馬上。

"廢"與"立"在"黜免或確立"上構成相反意義。具體爲"廢"的"黜免"義項和"立"的"確立，確定"義項有反義關係。

例 202：故古者聖王甚尊尚賢而任使能，不黨父兄，不偏貴富，不嬖顏色，賢者舉而上之，富而貴之，以爲官長；不肖者抑而廢之，貧而賤之以爲徒役，是以民皆勸其賞，畏其罰，相率而爲賢。（卷二，尚賢中第九，49）

例 203：善無主於心者不留，行莫辯於身者不立。（卷一，修身第二，11）

廢：黜免。《字彙‧廣部》："廢，放也。"《論語‧公冶長》："邦有道，不廢。"何晏注："不廢，言見用。"

立：確立，確定。《後漢書·郎顗傳》："恭陵火災，主名未立。"李賢注："立猶定也。時考問延火者姓名未定也。"

"廢"的"黜免"義項和"立"的"確立，確定"義項有反義關係。

## 108. 實—虛

《墨子》中"實"出現71次。義項分別為：①滿，充滿。②充實，填塞。③事實，實際，實體。④果實。⑤確實，的確。⑥實踐。

《墨子》中"虛"出現7次。義項分別為：①空虛。②使動，使……空虛。③即"墟"。④虛邑，小的城邑。

（1）"實"與"虛"在"充滿或空虛"上構成相反意義。具體為"實"的"滿，充滿"義項和"虛"的"空虛"義項有反義關係。

例204：是以官府實而財不散。（卷二，尚賢中第九，50）

例205：先盡民力無用之功，賞賜無能之人，民力盡於無用，財寶虛於待客，三患也；（卷一，七患第五，24）

實：滿，充滿。《小爾雅·廣詁》："實，滿也。"

虛：空虛。《廣雅·釋詁三》："虛，空也。"

"實"的"滿，充滿"義項和"虛"的"空虛"義項有反義關係。

（2）"實"與"虛"在"使……充實或使……空虛"這一義位上構成相反意義。具體為"實"的"充實，填塞"義項和"虛"的"使……空虛"義項有反義關係。

例206：譬若築牆然，能築者築，能實壤者實壤，能欣者欣，然後牆成也。（卷十一，耕柱第四十六，427）

例207：故曰以其極賞，以賜無功，虛其府庫，以備車馬衣裘奇怪，苦其役徒，以治宮室觀樂，死又厚爲棺椁，多爲衣裘，生時治臺榭，死又脩墳墓，故民苦於外，府庫單於內，上不厭其樂，下不堪其苦。（卷一，七患第五，29）

實：充實，填塞。《廣雅·釋詁三》："實，塞也。"

虛：使……空虛。《老子》第三章："虛其心，實其腹。"

"實"的"充實，填塞"義項和"虛"的"使……空虛"義項有反義關係。

## 109. 柔—堅

《墨子》中"柔"出現1次。用作"柔軟"之義。

《墨子》中"堅"出現28次。義項分別為：①堅固，堅實。②指堅固的鎧甲。③堅定。

"柔"與"堅"在"柔軟或堅實"上構成相反意義。具體為"柔"的"柔軟"義項和"堅"的"堅固，堅實"義項有反義關係。

例208：鳥折用桐，<u>堅柔</u>也。（卷十，經說上第四十二，353）

例209：伐裾，小大盡本斷之，以十尺為傳，雜而深埋之，<u>堅</u>築，毋使可拔。（卷十四，備梯第五十六，545）

柔：柔軟。《說文·木部》："柔，木曲直也。"段玉裁注："凡木曲者可直、直者可曲曰柔……柔之引申，為凡奕弱之偁。"《廣雅·釋詁一》："柔，弱也。"

堅：堅固，堅實。《爾雅·釋詁》："堅，固也。"《一切經音義》卷三引《字書》："堅，謂堅牢。"

"柔"的"柔軟"義項和"堅"的"堅固，堅實"義項有反義關係。

## 110. 急—緩

《墨子》中"急"出現24次。義項分別為：①緊急，急迫。②迫切，急切，着急。③緊急。④急速，快。

《墨子》中"緩"出現34次。義項分別為：①怠慢。②鬆懈。③緩慢。

（1）"急"與"緩"在"急迫與否"這一義位上構成相反意義。具體為"急"的"緊急，急迫"義項和"緩"的"鬆懈"義項有反義關係。

例210：外宅粟米、畜產、財物諸可以佐城者，送入城中，事即<u>急</u>，則使積門內。（卷十五，襍守第七十一，622）

急：《墨子大詞典》認為在《墨子》中"急"有"緊急，急迫"義項。（《墨子大詞典》，139）

例211：吏不治則亂，農事<u>緩</u>則貧，貧且亂政之本，而儒者以為道教，是賊天下之人者也。（卷九，非儒下第三十九，291）

緩：《墨子大詞典》認為在《墨子》中"緩"有"鬆懈"義項。（《墨子大詞典》，129）

"急"的"緊急，急迫"義項和"緩"的"鬆懈"義項有反義關係。

（2）"急"與"緩"在"迫切與否"這一義位上構成相反意義。具體為"急"的"迫切，急切，着急"義項和"緩"的"怠慢"義項有反義關係。

例212：見賢而不急，則緩其君矣。（卷一，親士第一，1）

例213：緩賢忘士，而能以其國存者，未曾有也。（卷一，親士第一，1）

急：迫切，急切，着急。《玉篇·心部》："急，迫切也。"

緩：《墨子大詞典》認為在《墨子》中"亂"有"怠慢"義項。（《墨子大詞典》，129）

"急"的"迫切，急切，着急"義項和"緩"的"怠慢"義項有反義關係。

（3）"急"與"緩"在"速度快與否"這一義位上構成相反意義。具體為"急"的"急速，快"義項和"緩"的"緩慢"義項有反義關係。

例214：務言而緩行，雖辯必不聽；多力而伐功，雖勞必不圖。（卷一，修身第二，10）

例215：寬以惠，緩易急，民必移。（卷五，非攻下第十九，156）

急：急速，快。《廣韻·緝韻》："急，急疾。"

緩：《墨子大詞典》認為在《墨子》中"緩"有"緩慢"義項。（《墨子大詞典》，129）

"急"的"急速，快"義項和"緩"的"緩慢"義項有反義關係。

## 111. 先—後

《墨子》中"先"出現131次。義項分別為：①時間或次序在前的。②先於。③祖先，祖宗。④以……為先。⑤上代，上輩。⑥引導，率領。

《墨子》中"後"出現140次。義項分別為：①後代，後裔。②位置在後。③時間在後。④晚於，遲於。⑤然後，以後。⑥背後，背地裡。⑦通"厚"。

（1）"先"與"後"在"時間或次序在前或後"這一義位上構成相反意義。具體為"先"的"時間或次序在前的"義項和"後"的"時間或次序在後的"義項有反義關係。

例216：進行者先敷近，後敷遠。（卷十，經說下第四十三，384）

先：時間或次序在前的。《廣雅·釋詁一》："先，始也。"

後：時間或次序在後的。《說文·彳部》："後，遲也。"《廣雅·釋詁三》："後，晚也。"

"先"的"時間或次序在前的"義項和"後"的"時間或次序在後的"義項有反義關係。

（2）"先"與"後"在"先或晚於"這一義位上構成相反意義。具體為"先"的"先於"義項和"後"的"晚於，遲于"義項有反義關係。

例 217：今有子先其父死，弟先其兄死者矣。（卷八，明鬼下第三十一，249）

例 218：以其蚤與其晚相踐，後聖王之法十年。（卷六，節用上第二十，162）

先：《墨子大詞典》認為在《墨子》中"先"有"先於"義項。（《墨子大詞典》，359）

後：《墨子大詞典》認為在《墨子》中"後"有"晚於，遲於"義項。（《墨子大詞典》，123）

"先"的"先於"義項和"後"的"晚於，遲于"義項有反義關係。

（3）"先"與"後"在"祖先或後代"上構成相反意義。具體為"先"的"祖先，祖宗"義項和"後"的"後代，後裔"義項有反義關係。

例 219：此誣言也，其宗兄守其先宗廟數十年，死喪之其，兄弟之妻奉其先之祭祀弗散，則喪妻子三年，必非以守奉祭祀也。（卷九，非儒下第三十九，290）

例 220：喪師多不可勝數，喪師盡不可勝計，則是鬼神之喪其主后，亦不可勝數。（卷五，非攻中第十八，132）

先：祖先，祖宗。《漢書·禮樂志》："喪祭之禮廢，則骨肉之恩薄，而背死忘先者衆。"顏師古注："先者，先人，謂祖考。"

後：《詩·大雅·瞻卬》："式救爾後。"鄭玄箋："後，謂子孫也。"

"先"的"祖先，祖宗"義項和"後"的"後代，後裔"義項有反義關係。

（4）"先"與"後"在"以……為先或後"這一義位上構成相反意義。具體為"先"的"以……為先"義項和"後"的"以……爲後"義項有反義關係。

例 221：故古聖王治天下也，故必先鬼神而後人者此也。（卷八，明鬼下第三十一，237）

先：《墨子大詞典》認為在《墨子》中"先"有"以……為先"義項。（《墨

子大詞典》，359）

後：《墨子大詞典》認為在《墨子》中"後"有"以……為後"義項。（《墨子大詞典》，123）

"先"的"以……為先"義項和"後"的"以……爲後"義項有反義關係。

## 112. 息—作

《墨子》中"息"出現 16 次。義項分別為：①停止。②休息。③使……休息。

《墨子》中"作"出現 58 次。義項分別為：①製作，製造。②創作，創造。③從事，做。④行事，行為。⑤發生，產生。⑥興，建立。⑦設立，設置。⑧堆積。⑨挖掘。⑩義通"怍"，慚愧。

"息"與"作"在"停止或發生"上構成相反意義。具體為"息"的"停止"義項和"作"的"發生，產生"義項有反義關係。

例 222：邊境兵甲不作矣。（卷七，天志中第二十七，199）

例 223：後世稱其德，揚其名，至今不息。（卷十，耕柱第四十六，433）

息：停止。《廣韻·職韻》："息，止也。"

作：發生，產生。《說文·人部》："作，起也。"

"息"的"停止"義項和"作"的"發生，產生"義項有反義關係。

## 113. 息—勞

《墨子》中"息"出現 16 次。義項分別為：①停止。②休息。③使……休息。

《墨子》中"勞"出現 42 次。義項分別為：①勞作，勞動。②勞苦，辛勞。③使動，使……勞累。④犒勞，慰勞。⑤幫助。⑥成績，功勞。

（1）"息"與"勞"在"休息與否"這一義位上構成相反意義。具體為"息"的"休息"義項和"勞"的"勞作，勞動"義項有反義關係。

例 224：是以民無飢而不得食，寒而不得衣，勞而不得息，亂而不得治者。（卷二，尚賢中第九，60）

息：休息。《廣韻·釋言》："息，休也。"

勞：《墨子大詞典》認為在《墨子》中"勞"有"勞作，勞動"義項。（《墨子大詞典》，182）

74

"息"的"休息"義項和"勞"的"勞作，勞動"義項有反義關係。

（2）"息"與"勞"在"使……休息或勞累"這一義位上構成相反意義。具體為"息"的"使……休息"義項和"勞"的"使……勞累"義項有反義關係。

例225：曰：舟用之水，車用之陸，君子<u>息</u>其足焉，小人休其肩背焉。（卷八，非樂上第三十二，253）

例226：羊黔者將之拙者也，足以<u>勞</u>卒，不足以害城。（卷十四，備高臨第五十三，537）

息：《墨子大詞典》認為在《墨子》中"息"有"使……休息"義項。（《墨子大詞典》，355）

勞：《墨子大詞典》認為在《墨子》中"勞"有"使……勞累"義項。（《墨子大詞典》，182）

"息"的"使……休息"義項和"勞"的"使……勞累"義項有反義關係。

## 114. 直—曲

《墨子》中"直"出現22次。義項分別為：①直線。②平直，剛直。③正對。④樹立。⑤只，只是。⑥白白地。⑦通"直"。

《墨子》中"曲"出現5次。用作"曲折"之義。

"直"與"曲"在"平直與否"這一義位上構成相反意義。具體為"直"的"平直，剛直"義項和"曲"的"曲折"義項有反義關係。

例227：其<u>直</u>若矢，其易若底，君子之所履，小人之所視。（卷四，兼愛下第十六，124）

例228：不盡千丈者勿迎也，視敵之居<u>曲</u>，眾少而應之，此守城之大體也。（卷十五，號令第七十，588）

例229：必厚作斂於百姓，暴奪民衣食之財以為宮室臺榭<u>曲直</u>之望、青黃刻鏤之飾。（卷一，辭過第六，31）

直：平直，剛直。《玉篇·𠃊部》："直，不曲也。"

曲：曲折。《玉篇·曲部》："曲，不直也。"

"直"的"平直，剛直"義項和"曲"的"曲折"義項有反義關係。

### 115. 克—敗

《墨子》中"克"出現 4 次。用作"戰勝,勝利"之義。

《墨子》中"敗"出現 21 次。義項分別為:①失敗。②打敗,擊敗。③衰落,破敗。④破碎,離散。⑤破壞,離散。⑥減退,消除。

"克"與"敗"在"勝利與否"這一義位上構成相反意義。具體為"克"的"戰勝,勝利"義項和"敗"的"失敗"義項有反義關係。

例 230:太上無敗,其次敗而有以成,此之謂用民。(卷一,親士第一,2)

例 231:若苟亂,是出戰不克,入守不固。(卷六,節葬下第二十五,179)

克:戰勝,勝利。《左傳·莊公十年》:"彼竭我盈,故克之。"《左傳·莊公十一年》:"得儁曰克。"孔穎達疏:"克訓勝也。"

敗:失敗。《廣韻·夬韻》:"敗,自破曰敗。"

"克"的"戰勝,勝利"義項和"敗"的"失敗"義項有反義關係。

### 116. 勝—敗

《墨子》中"勝"出現 62 次。義項分別為:①得勝,戰勝。②勝過,超過。③勝任。④盡、全。

《墨子》中"敗"出現 21 次。義項分別為:①失敗。②打敗,擊敗。③衰落,破敗。④破碎,離散。⑤破壞,離散。⑥減退,消除。

"勝"與"敗"在"失敗與否"這一義位上構成相反意義。具體為"勝"的"得勝,戰勝"義項和"敗"的"失敗"義項有反義關係。

例 232:君子勝不逐奔,揜函弗射,施則助之胥車。(卷九,非儒下第三十九,295)

例 233:太上無敗,其次敗而有以成,此之謂用民。(卷一,親士第一,2)

勝:得勝,戰勝。《爾雅·釋詁上》:"勝,克也。"《正字通·力部》:"勝,負之對也。"

敗:失敗。《廣韻·夬韻》:"敗,自破曰敗。"

"勝"的"得勝,戰勝"義項和"敗"的"失敗"義項有反義關係。

## 117. 薄—厚

《墨子》中"薄"出現 37 次。用作"扁平物上下之間的距離小,與'厚'相對"之義。

《墨子》中"厚"出現 140 次。義項分別為:①扁平物上下之間的距離大,與"薄"相對。②物體的厚度。③多,數量大。④大。⑤重。⑥使……豐厚。⑦用作名詞,高位。⑧敦厚,崇高。⑨厚待,厚愛。⑩看重。

"薄"的"扁平物上下之間的距離小"義項和"厚"的"扁平物上下之間的距離大"義項有反義關係。

例 234:令陶者為罌,容四十斗以上,固順之以<u>薄</u>鮥革,置井中,使聰耳者伏罌而聽之,審知穴之所在,鑿穴迎之。(卷十四,備穴第六十二,551)

例 235:吏樺桐肯,為鐵錍,<u>厚</u>簡為衡枉。(卷十五,襍守第七十一,633)

薄:《墨子大詞典》認為在《墨子》中"薄"有"扁平物上下之間的距離小"義項。(《墨子大詞典》,5)

厚:扁平物上下之間的距離大,與"薄"相對。《說文·亯部》:"厚,山陵之厚也"。

"薄"的"扁平物上下之間的距離小"義項和"厚"的"扁平物上下之間的距離大"義項有反義關係。

## 118. 學—教

《墨子》中"學"出現 57 次。義項分別為:①學習。②使動,使……學習。③模仿,仿效。④學識,學問。⑤學業。⑥學說。

《墨子》中"教"出現 47 次。義項分別為:①教授,傳授。②唆使,教唆。

"學"與"教"的詞義具有相對關係。具體為"學"的"學習"義項和"教"的"教導,教誨"義項有反義關係。

例 236:子不<u>學</u>,則人將笑子,故勸子於學。(卷十二,公孟第四十八,462)

例 237:籍設而天下不知耕,<u>教</u>人耕,與不<u>教</u>人耕而獨耕者,其功孰多?(卷十三,魯問第四十九,474)

學:學習。《廣雅·釋詁三》:"學,效也。"《玉篇·子部》:"學,受教也。"

教：《墨子大詞典》認為在《墨子》中"教"有"教授，傳授"義項。(《墨子大詞典》，153)

"學"的"學習"義項和"教"的"教導，教誨"義項有反義關係。

### 119. 怒—喜

《墨子》中"怒"出現5次。義項分別為：①生氣，發怒。②對……發怒。

《墨子》中"喜"出現15次。義項分別為：①喜悅、高興。②通"嬉"，嬉戲，戲弄。

"怒"的"生氣，發怒"義項和"喜"的"喜悅、高興"義項有反義關係。

例238：子墨子曰："必去六辟。嘿則思，言則誨，動則事，使三者代御，必為聖人。必去<u>喜</u>，去<u>怒</u>，去樂，去悲，去愛，而用仁義。手足口鼻耳，從事於義，必為聖人。"（卷十二，貴義第四十七，442）

例239：子墨子曰："世俗之君子，貧而謂之富則<u>怒</u>，無義而謂之有義則<u>喜</u>。豈不悖哉？"（卷十一，耕柱第四十六，434）

怒：生氣，發怒。《說文·心部》："怒，恚也。"《字彙·心部》："怒，恚也，憤也。"

喜：喜悅、高興。《說文·口部》："喜，樂也。"《玉篇·口部》："喜，悅也。"

"怒"的"生氣，發怒"義項和"喜"的"喜悅、高興"義項有反義關係。

### 120. 幸—否

《墨子》中"幸"出現1次。用作"幸福，幸運"之義。

《墨子》中"否"出現14次。義項分別為：①壞，惡。②困厄，不順。

"幸"的"幸福，幸運"義項和"否"的"困厄，不順"義項有反義關係。

例240：窮達賞罰<u>幸</u><u>否</u>有極，人之知力，不能為焉。（卷九，非儒下第三十九，291）

幸：《墨子大詞典》認為在《墨子》中"幸"有"幸福，幸運"義項。(《墨子大詞典》，372)

否：《墨子大詞典》認為在《墨子》中"否"有"困厄，不順"義項。(《墨子大詞典》，586)

"幸"的"幸福，幸運"義項和"否"的"困厄，不順"義項有反義關係。

## 121. 善—否

《墨子》中"善"出現 211 次。義項分別為：①美好。②善行，好事。③向善，做好事。④認為……是好的。⑤善於，擅長。⑥妥善。⑦表示應諾或贊許。⑧通"繕"，粉飾。⑨年成好，豐年。

《墨子》中"否"出現 14 次。義項分別為：①壞，惡。②困厄，不順。

"善"的"美好"義項和"否"的"壞，惡"義項有反義關係。

例 241：且吾所以知天之愛民之厚者有矣，曰以磨為日月星辰，以昭道之；制為四時春秋冬夏，以紀綱之；雷降雪霜雨露，以長遂五穀麻絲，使民得而財利之；列為山川谿谷，播賦百事，以臨司民之<u>善否</u>；為王公侯伯，使之賞賢而罰暴；賊金木鳥獸，從事乎五穀麻絲，以為民衣食之財。（卷七，天志中第二十七，203）

例 242：去若不<u>善</u>行，學天子之<u>善</u>行，則天下何說以亂哉。（卷三，尚同上第十一，76）

善：美好。《說文·誩部》："譱（善），吉也。"
否：壞，惡。《易·鼎》："利出否，以從貴也。"陸德明釋文："否，惡也。"
"善"的"美好"義項和"否"的"壞，惡"義項有反義關係。

## 122. 善—暴

《墨子》中"善"出現 211 次。義項分別為：①美好。②善行，好事。③向善，做好事。④認為……是好的。⑤善於，擅長。⑥妥善。⑦表示應諾或贊許。⑧通"繕"，粉飾。⑨年成好，豐年。

《墨子》中"暴"出現 104 次。義項分別為：①殘暴，暴虐。②暴政，暴行。③欺凌，虐待。④指強暴之國。

"善"的"善行，好事"義項和"暴"的"暴政，暴行"義項有反義關係。

例 243：何以知賢者之必賞<u>善</u>罰<u>暴</u>也？吾以昔者三代之聖王知之。（卷七，天志下第二十八，211）

例 244：若苟上下不同義，賞譽不足以勸<u>善</u>，而刑罰不足以沮<u>暴</u>。（卷三，尚同中第十二，86）

善：《墨子大詞典》認為在《墨子》中"善"有"善行，好事"義項。（《墨子大詞典》，270）

暴：《墨子大詞典》認為在《墨子》中"暴"有"暴政，暴行"義項。（《墨子大詞典》，7）

"善"的"善行，好事"義項和"暴"的"暴政，暴行"義項有反義關係。

## 123. 否—泰

《墨子》中"否"出現14次。義項分別為：①壞，惡。②困厄，不順。

《墨子》中"泰"出現11次。義項分別為：①同"太"，過，甚。②驕恣，驕橫，放縱。③佳，美好。

"否"的"困厄，不順"義項和"泰"的"佳，美好"義項有反義關係。

例245：夫建國設都，乃作后王君公，否用泰也，輕大夫師長，否用佚也，維辯使治天均。（卷三，尚同中第十二，86）

否：《墨子大詞典》認為在《墨子》中"否"有"困厄，不順"義項。（《墨子大詞典》，227）

泰：《墨子大詞典》認為在《墨子》中"泰"有"佳，美好"義項。（《墨子大詞典》，318）

"否"的"困厄，不順"義項和"泰"的"佳，美好"義項有反義關係。

## 124. 妻—夫

《墨子》中"妻"出現31次。義項分別為：①男子配偶。②通"棲"，城郭。

《墨子》中"夫"出現220次。義項分別為：①女子的配偶。②古時成年男子的統稱。③渠露出的部分。④通"趺"，兩腿叉開的木制支架。

"妻"與"夫"的詞義具有相對關係。具體為"妻"的"男子配偶"義項和"夫"的"女子的配偶"義項有反義關係。

例246：內無拘女，外無寡夫，故天下之民衆，當今之君其蓄私也，大國拘女累千，小國累百，是以天下之男多寡無妻，女多拘無夫，男女失時，故民少。（卷一，辭過第六，37）

妻：男子配偶。《說文·女部》："妻，婦與夫齊者也。"

夫：女子的配偶。高鴻縉《中國字例》："夫，成人也。……至妻之對曰夫，或丈夫，皆是借用。"

"妻"的"男子配偶"義項和"夫"的"女子的配偶"義項有反義關係。

## 125. 夫—婦

《墨子》中"夫"出現 220 次。義項分別為：①女子的配偶。②古時成年男子的統稱。③渠露出的部分。④通"跌"，兩腿叉開的木制支架。

《墨子》中"婦"出現 24 次。義項分別為：①男子的配偶。②成年女性的統稱。

（1）"夫"與"婦"的詞義具有相對關係。具體為"夫"的"女子的配偶"義項和"婦"的"男子的配偶"義項有反義關係。

例 247：<u>夫婦</u>節而天地和，風雨節而五穀孰，衣服節而肌膚和。（卷一，辭過第六，38）

夫：女子的配偶。高鴻縉《中國字例》："夫，成人也。……至妻之對曰夫，或丈夫，皆是借用。"

婦：男子的配偶。《詩·豳風·七月》："同我婦子，饁彼南畝。"

"夫"的"女子的配偶"義項和"婦"的"男子的配偶"義項有反義關係。

（2）"夫"與"婦"的詞義具有相對關係。具體為"夫"的"古時成年男子的統稱"義項和"婦"的"成年女性的統稱"義項有反義關係。

例 248：翟慮被堅執銳救諸侯之患，盛，然後當一<u>夫</u>之戰，一<u>夫</u>之戰其不御三軍，既可睹矣。（卷十三，魯問第四十九，474）

例 249：遝至乎商王紂，天不序其德，祀用失時，兼夜中，十日雨土于薄，九鼎遷止，<u>婦</u>妖宵出，有鬼宵吟，有女為男，天雨肉，棘生乎國道，王兄自縱也。（卷五，非攻下第十九，151）

夫：古時成年男子的統稱。《說文·夫部》："夫，丈夫也。"徐灝箋："男子已冠之偶也。"

婦：成年女性的統稱。《廣雅·釋親》："女子謂之婦人。"

"夫"的"古時成年男子的統稱"義項和"婦"的"成年女性的統稱"義項有反義關係。

## 126. 女—夫

《墨子》中"女"出現 63 次。義項分別為：①女子，婦女。②女兒。

《墨子》中"夫"出現 220 次。義項分別為：①女子的配偶。②古時成年男子的統稱。③渠露出的部分。④通"跌"，兩腿叉開的木制支架。

"女"與"夫"的詞義具有相對關係。具體為"夫"的"古時成年男子的統稱"義項和"女"的"女子，女人"義項有反義關係。

例250：內無拘女，外無寡夫，故天下之民眾，當今之君其蓄私也，大國拘女累千，小國累百，是以天下之男多寡無妻，女多拘無夫，男女失時，故民少。（卷一，辭過第六，37）

女：女子，婦女。《說文·女部》："女，婦人也。"段玉裁注："男，丈夫也。女，婦人也。"

夫：古時成年男子的統稱。《說文·夫部》："夫，丈夫也。"徐灝箋："男子已冠之偶也。"

"夫"的"古時成年男子的統稱"義項和"女"的"女子，女人"義項有反義關係。

### 127. 費—節

《墨子》中"費"出現20次。義項分別為：①耗費，花費。②費用。③浪費。④通"拂"，相悖。⑤荒謬。

《墨子》中"節"出現56次。義項分別為：①節儉，節約。②節制。③符節。④禮節。⑤適合。

"費"的"浪費"義項和"節"的"節儉，節約"義項有反義關係。

例251：聖王為政，其發令興事，使民用財也，無不加用而為者，是故用財不費，民德不勞，其興利多矣。（卷六，節用上第二十，159）

例252：然而民不凍餓者何也？其生財密，其用之節也。（卷一，七患第五，28）

費：《墨子大詞典》認為在《墨子》中"費"有"浪費"義項。（《墨子大詞典》，83）

節：節儉，節約。《呂氏春秋·召類》："子罕之時，無所相侵，邊境四益，相平公、元公、景公以終其身，其為仁且節與？"高誘注："節，儉也。"

"費"的"浪費"義項和"節"的"節儉，節約"義項有反義關係。

### 128. 貴—賤

《墨子》中"貴"出現115次。義項分別為：①看重，重視。②高貴，顯貴。③使動用法，使……尊貴。④價格高。⑤指貴賤。⑥寶貴，珍貴。

《墨子》中"賤"出現49次。義項分別為：①卑賤，低賤。②使動，使……卑賤。③價格低。

（1）"貴"的"高貴，顯貴"和"賤"的"卑賤，低賤"有反義關係。

例253：人無幼長貴賤，皆天之臣也。（卷一，法儀第四，23）

例254：此何故始賤卒而貴，始貧卒而富？（卷二，尚賢中第九，60）

貴：高貴，顯貴。《玉篇·貝部》："貴，高也，尊也。"

賤：卑賤，低賤。《玉篇·貝部》："賤，卑下也，不貴也。"《廣雅·釋言》："賤，卑也。"

"貴"的"高貴，顯貴"和"賤"的"卑賤，低賤"有反義關係。

（2）"貴"的"價格高"和"賤"的"價格低"有反義關係。

例255：賈宜，貴賤也。（卷十，經說上第四十二，354）

例256：又用其賈貴賤、多少賜爵，欲為吏者許之，其不欲為吏，而欲以受賜賞爵祿，若贖出親戚、所知罪人者，以令許之。（卷十五，號令第七十，610）

貴：價格高。《說文·貝部》："貴，物不賤也。"《玉篇·貝部》："貴，多價也。"

賤：價格低。《說文·貝部》："賤，賈少也。"

"貴"的"價格高"和"賤"的"價格低"有反義關係。

（3）"貴"的"使……尊貴"和"賤"的"使……卑賤"有反義關係。

例257：譬若欲衆其國之善射御之士者，必將富之，貴之，敬之，譽之，然后國之善射御之士，將可得而衆也。（卷二，尚賢上第八，44）

例258：故古者聖王甚尊尚賢而任使能，不黨父兄，不偏貴富，不嬖顏色，賢者舉而上之，富而貴之，以爲官長；不肖者抑而廢之，貧而賤之以爲徒役，是以民皆勸其賞，畏其罰，相率而爲賢。（卷二，尚賢中第九，49）

貴：《墨子大詞典》認為在《墨子》中"貴"有"使……尊貴"義項。（《墨子大詞典》，115）

賤：《墨子大詞典》認為在《墨子》中"賤"有"使……卑賤"義項。（《墨子大詞典》，150）

"貴"的"使……尊貴"和"賤"的"使……卑賤"有反義關係。

### 129. 賞—罰

《墨子》中"賞"出現129次。用作"獎賞，賞賜"之義。

《墨子》中"罰"出現116次。用作"懲罰，處罰"之義。

"賞"的"獎賞，賞賜"義項和"罰"的"懲罰，處罰"義項有反義關係。

例259：若苟明於民之善非也，則得善人而賞之，得暴人而罰之也。（卷三，尚同下第十三，90）

例260：窮達賞罰幸否有極，人之知力，不能爲焉。（卷九，非儒下第三十九，291）

賞：獎賞，賞賜。《說文·貝部》："賞，賜有功也。"

罰：懲罰，處罰。《周禮·地官·司救》："凡民之有衺（邪）惡者，三讓而罰。"鄭玄注："罰，謂撻擊之也。"

"賞"的"獎賞，賞賜"義項和"罰"的"懲罰，處罰"義項有反義關係。

### 130. 尚—下

《墨子》中"尚"出現90次。義項分別為：①崇尚，尊重。②輔佐，幫助。③同"上"，向上。④尚且。⑤通"倘"，假若。

《墨子》中"下"出現764次。義項分別為：①位置在低處，與"上"相對。②等級、地位低的，多指臣下，百姓。③落下，降下。④使……下。⑤投下。⑥降職，罷免。⑦少於。⑧最差，下等。⑨對下，向下。

"尚"的"向上"義項和"下"的"對下，向下"義項有反義關係。

例261：故當尚同之爲說也，尚用之天子，可以治天下矣；中用之諸侯，可而治其國矣；小用之家君，可而治其家矣。（卷三，尚同下第十三，95）

例262：其事上尊天，中事鬼神，下愛人。（卷七，天志上第二十六，195）

尚：同"上"，向上。《正字通》："尚，與上通。"

下：對下，向下。《墨子大詞典》認為在《墨子》中"下"有"對下，向下"義項。（《墨子大詞典》，357）

"尚"的"向上"義項和"下"的"對下，向下"義項有反義關係。

### 131. 真—假

《墨子》中"真"出現1次。用作"真正"之義。

《墨子》中"假"出現 11 次。義項分別為：①虛假，不實。②一種推理方法，假設。③假借。④義通"嘏"，福，造福。

"真"與"假"在"真與否"這一義位上構成相反意義。具體為"真"的"真正"義項和"假"的"虛假，不實"義項有反義關係。

例 263：<u>真</u>天壤之情，雖有先王不能更也。（卷一，辭過第六，37）

例 264：<u>假</u>必誖，說在不然。（卷十，經下第四十一，321）

真：真正。《玉篇・七部》："真，不虛假也。"
假：虛假，不實。《説文・人部》："假，非真也。"
"真"的"真正"義項和"假"的"虛假，不實"義項有反義關係。

### 132. 虧—利

《墨子》中"虧"出現 20 次。義項分別為：①虧害，傷害。②減少。

《墨子》中"利"出現 378 次。義項分別為：①利益，好處。②利潤，財利。③有利，利於。④獲利。⑤便利，方便。⑥鋒利，銳利。⑦使……伶俐。

"虧"的"虧害，傷害"義項和"利"的"有利，利於"義項有反義關係。

例 265：子自愛不愛父，故<u>虧</u>父而自<u>利</u>；弟自愛不愛兄，故<u>虧</u>兄而自<u>利</u>；臣自愛不愛君，故<u>虧</u>君而自<u>利</u>，此所謂亂也。（卷四，兼愛上第十四，100）

虧：《墨子大詞典》認為在《墨子》中"虧"有"虧害，傷害"義項。（《墨子大詞典》，180）

利：《墨子大詞典》認為在《墨子》中"利"有"有利，利於"義項。有利，利於。（《墨子大詞典》，189）

"虧"的"虧害，傷害"義項和"利"的"有利，利於"義項有反義關係。

### 133. 聚—散

《墨子》中"聚"出現 18 次。用作"聚集，會集"之義。

《墨子》中"散"出現 18 次。義項分別為：①分散。②使……分散。

"聚"與"散"在"聚集與否"這一義位上構成相反意義。"聚"的"聚集，會集"義項和"散"的"分散"義項有反義關係。

例 266：秦之西有儀渠之國者，其親戚死，<u>聚</u>柴薪而焚之，燻上，謂之登遐，此上以爲政，下以爲俗，爲而不已，操而不擇，則此豈實仁義之道哉？

（卷六，節葬下第二十五，189）

例267：賢者之長官也，夜寢夙興，收斂關市、山林、澤梁之利，以實官府，是以官府實而財不散。（卷二，尚賢中第九，50）

聚：聚集，會集。《說文・似部》："聚，會也。"

散：《墨子大詞典》認為在《墨子》中"散"有"分散"義項。（《墨子大詞典》267）

"聚"的"聚集，會集"義項和"散"的"分散"義項有反義關係。

## 134. 惡—美

《墨子》中"惡"出現127次。義項分別為：①凶惡。②丑惡，與"美"相對。③粗劣。④生長不良。⑤指屍體的腐臭之氣。

《墨子》中"美"出現39次。義項分別為：①甘美，味道好。②美麗，漂亮。③品德或志趣高尚的。④美德。⑤優良，優質的。⑥讚美。

"惡"的"丑惡"義項和"美"的"美麗"義項有反義關係。

例268：故得士則謀不困，體不勞，名立而功成，美章而惡不生，則由得士也。（卷二，尚賢上第八，48）

惡：《墨子大詞典》認為在《墨子》中"惡"有"醜惡"義項。（《墨子大詞典》，72）

美：《墨子大詞典》認為在《墨子》中"美"有"美麗，漂亮"義項。（《墨子大詞典》，205）

"惡"的"丑惡"義項和"美"的"美麗"義項有反義關係。

## 135. 良—惡

《墨子》中"良"出現45次。義項分別為：①善良。②好的，優秀的（人）。③好的，優良的（物）。④良才，俊傑。

《墨子》中"惡"出現127次。義項分別為：①凶惡。②丑惡，與"美"相對。③粗劣。④生長不良。⑤指屍體的腐臭之氣。

"良"的"善良"義項和"惡"的"凶惡"義項有反義關係。

例269：故時年歲善，則民仁且良；時年歲凶，則民吝且惡。（卷一，七患第五，27）

良：善良。《說文·富部》："良，善也。"

惡：《墨子大詞典》認為在《墨子》中"惡"有"凶惡"義項。(《墨子大詞典》，72)

"良"的"善良"義項和"惡"的"凶惡"義項有反義關係。

### 136. 惡—愛

《墨子》中"惡"出現127次。用作"厭惡，憎惡"之義。

《墨子》中"愛"出現265次。義項分別為：①仁愛，加惠。②對人或事物有很深的感情。③吝惜。④所喜愛的人或東西。

"惡"的"厭惡，憎惡"義項和"愛"的"仁愛，加惠"義項有反義關係。

例270：天必欲人之相<u>愛</u>相利，而不欲人之相<u>惡</u>相賊也。(卷一，法儀第四，23)

惡：厭惡，憎惡。《廣韻·暮韻》："惡，憎惡也。"

愛：仁愛，加惠。《廣雅·釋詁四》："愛，仁也。"《玉篇·夊部》："愛，仁愛也。"

"惡"的"厭惡，憎惡"義項和"愛"的"仁愛，加惠"義項有反義關係。

### 137. 惡—欲

《墨子》中"惡"出現127次。用作"厭惡，憎惡"之義。

《墨子》中"欲"出現227次。義項分別為：①想。②慾望。③希望，希求。④考慮，著想。⑤喜歡。

"惡"的"厭惡，憎惡"義項和"欲"的"希望，希求"義項有反義關係。

例271：是故子墨子言曰："今天下之君子，忠實<u>欲</u>天下之富，而<u>惡</u>其貧；<u>欲</u>天下之治，而<u>惡</u>其亂，當兼相愛，交相利，此聖王之法，天下之治道也，不可不務爲也。"(卷四，兼愛中第十五，113)

惡：厭惡，憎惡。《廣韻·暮韻》："惡，憎惡也。"

欲：《墨子大詞典》認為在《墨子》中"欲"有"希望，希求"義項。(《墨子大詞典》，412)

"惡"的"厭惡，憎惡"義項和"欲"的"希望，希求"義項有反義關係。

## 138. 惡—好

《墨子》中"惡"出現127次。用作"厭惡,憎惡"之義。

《墨子》中"好"出現51次。用作"喜歡,愛好"之義。

"惡"的"厭惡,憎惡"義項和"好"的"喜歡,愛好"義項有反義關係。

例272:天下莫不欲與其所好,度其所惡。(卷十一,耕柱第四十六,438)

惡:厭惡,憎惡。《廣韻·暮韻》:"惡,憎惡也。"
好:喜歡,愛好。《玉篇·女部》:"好,愛好也。"
"惡"的"厭惡,憎惡"義項和"好"的"喜歡,愛好"義項有反義關係。

## 139. 愚—智

《墨子》中"愚"出現35次。義項分別為:①愚笨,不聰明。②愚昧、不聰明的人。③愚弄。

《墨子》中"智"出現115次。義項分別為:①聰明,明智。②智力,才智。③智慧。④理智。

"愚"的"愚笨,不聰明"義項和"智"的"聰明,明智"義項有反義關係。

例273:曰自貴且智者,爲政乎愚且賤者,則治;自愚賤者,爲政乎貴且智者,則亂。(卷二,尚賢中第九,49)

愚:愚昧、不聰明。《一切經音義》卷二十二:"愚,無所知也,亦鈍也。"
智:聰明,明智。《釋名·釋言語》:"智,知也,無所不知也。"
"愚"的"愚笨,不聰明"義項和"智"的"聰明,明智"義項有反義關係。

## 140. 詐—愚

《墨子》中"詐"出現13次。義項分別為:①欺騙,欺詐。②狡詐,狡猾。③狡詐,狡猾的人。

《墨子》中"愚"出現35次。義項分別為:①愚笨,不聰明。②愚昧、不聰明的人。③愚弄。

"詐"的"狡詐,狡猾的人"義項和"愚"的"愚昧、不聰明的人"義項有反義關係。

88

例274：天下之人皆相愛，強不執弱，衆不劫寡，富不侮貧，貴不敖賤，詐不欺愚。（卷四，兼愛中第十五，103）

詐：《墨子大詞典》認爲在《墨子》中"詐"有"狡詐，狡猾的人"義項。（《墨子大詞典》，425）

愚：《墨子大詞典》認爲在《墨子》中"愚"有"愚昧、不聰明的人"義項。（《墨子大詞典》，409）

"詐"的"狡詐，狡猾的人"義項和"愚"的"愚昧、不聰明的人"義項有反義關係。

## 141. 美—醜

《墨子》中"美"出現39次。義項分別爲：①甘美，味道好。②美麗，漂亮。③品德或志趣高尚的。④美德。⑤優良，優質的。⑥讚美。

《墨子》中"醜"出現6次。義項分別爲：①醜惡，事物不好的。②恥辱。③不好的品德。

"美"的"品德或志趣高尚的"義項和"醜"的"醜惡，事物不好的"義項有反義關係。

例275：聚斂天下之美名而加之焉，曰：此仁也，義也。（卷七，天志中第二十七，205）

例276：聚斂天下之醜名而加之焉，曰此非仁也，非義也。（卷七，天志中第二十七，206）

美：品德或志趣高尚的。《國語・晋語一》："彼將惡始而美終，以晚蓋者也。"韋昭注："美，善也。……言以後善掩前惡。"

醜：醜惡，事物不好的。《詩・小雅・十月之交》："日有食之，亦孔之醜。"毛傳："醜，惡也。"

"美"的"品德或志趣高尚的"義項和"醜"的"醜惡，事物不好的"義項有反義關係。

## 142. 興—衰

《墨子》中"興"出現39次。義項分別爲：①興辦。②發動。③產生，發生。④作，製作。⑤起，站立。⑥昌盛。

《墨子》中"衰"出現2次。用作"衰減，衰落"之義。

"興"的"昌盛"義項和"衰"的"衰減,衰落"義項有反義關係。

例 277：今惟毋在乎婦人說樂而聽之,即不必能夙興夜寐,紡績織紝,多治麻絲葛緒綑布縿,是故布縿不興。(卷八,非樂上第三十二,259)

例 278：天之行廣而無私,其施厚而不德,其明久而不衰,故聖王法之。(卷一,法儀第四,22)

興：昌盛。《玉篇·舁部》："興,盛也。"
衰：衰減,衰落。《廣韻·脂韻》："衰,微也。"

"興"的"昌盛"義項和"衰"的"衰減,衰落"義項有反義關係。

## 143. 毀—譽

《墨子》中"毀"出現 25 次。義項分別為：①詆毀。②毀壞。

《墨子》中"譽"出現 68 次。義項分別為：①名譽,榮譽。②讚譽,稱頌。

"毀"的"詆毀"義項和"譽"的"讚譽,稱頌"義項有反義關係。

例 279：且翟聞之,為義非避毀就譽。(卷十一,耕柱第四十六,433)

例 280：譽客內毀者,斷。(卷十五,號令第七十,604)

毀：詆毀。《論語·衛靈公》："吾之於人也,誰毀誰譽？"朱熹集注："毀者,偁人之惡而損其真。"

譽：讚譽,稱頌。《說文·言部》："譽,稱也。"《論語·衛靈公》："吾之於人也,誰毀誰譽？如有所譽者,其有所試矣。"邢昺疏："譽,謂稱揚。"

"毀"的"詆毀"義項和"譽"的"讚譽,稱頌"義項有反義關係。

## 144. 兄—弟

《墨子》中"兄"出現 50 次。用作"兄長"之義。

《墨子》中"弟"出現 61 次。義項分別為：①弟弟。②通"第",次第,等次。

"兄"與"弟"在"年紀大或小的兄弟"這一義位上構成相對意義。具體為"兄"的"兄長"義項和"弟"的"弟弟"義項有反義關係。

例 281：且夫天下蓋有不仁不祥者,曰當若子之不事父,弟之不事兄,臣之不事君也。(卷七,天志中第二十七,201)

例282：內有以食飢息勞，持養其萬民，則君臣上下惠忠，父子弟兄慈孝。（卷七，天志中第二十七，200）

兄：兄長。《爾雅·釋親》："男子先生為兄，後生為弟。"
弟：弟弟。《爾雅·釋親》："男子先生為兄，後生為弟。"
"兄"的"兄長"義項和"弟"的"弟弟"義項有反義關係。

## 145. 易—難

《墨子》中"易"出現49次。義項分別為：①容易。②改變，更改。③更換，代替。④轉變，轉化。⑤倒置。⑥交易，交換。⑦平。

《墨子》中"難"出現63次。義項分別為：①不容易。②困難，艱難。③使……困難。④疑難，疑問。

"易"的"容易"義項和"難"的"不容易"義項有反義關係。

例283：良弓難張，然可以及高入深；良馬難乘，然可以任重致遠；良才難令，然可以致君見尊。（卷一，親士第一，5）

例284：是以其民儉而易治，其君用財節而易贍也。（卷一，辭過第六，33）

易：容易。《玉篇·日部》："易，不難也。"
難：不容易。《玉篇·隹部》："難，不易之稱。"
"易"的"容易"義項和"難"的"不容易"義項有反義關係。

## 146. 旱—水

《墨子》中"旱"出現9次。用作"干旱，旱災"之義。

《墨子》中"水"出現57次。義項分別為：①無色、無味的液體。②水平面。③水災。④指代江河湖海等一切水域。⑤指需用水的時候。⑥五行之一。

"旱"與"水"的詞義具有相對關係。具體為"旱"的"干旱，旱災"義項和"水"的"水災"義項有反義關係。

例285：故民衣食之財，家足以待旱水凶饑者何也？（卷一，辭過第六，33）

例286：故雖上世之聖王，豈能使五穀常收，而旱水不至哉？（卷一，

七患第五，28）

旱：干旱，旱災。《說文·日部》："旱，不雨也。"

水：《墨子大詞典》認為在《墨子》中"水"有"水災"義項。（《墨子大詞典》，305）

"旱"的"干旱，旱災"義項和"水"的"水災"義項有反義關係。

## 147．罪—功

《墨子》中"罪"出現82次。義項分別為：①罪行，罪惡。②過失。③判罪。④懲罰，責罰。

《墨子》中"功"出現48次。義項分別為：①功勞，功績。②功效。③效果。④事情。⑤通"攻"，致力於學習和研究。

"罪"的"罪行，罪惡"義項和"功"的"功勞，功績"義項有反義關係。

例287：故雖有賢君，不愛無<u>功</u>之臣，雖有慈父，不愛無益之子。（卷一，親士第一，5）

例288：以虧人愈多，其不仁茲甚，<u>罪</u>益厚。（卷五，非攻上第十七，128）

罪：罪行，罪惡。《玉篇·网部》："罪，犯法也。"

功：功勞，功績。《說文·力部》："功，以勞定國也。"

"罪"的"罪行，罪惡"義項和"功"的"功勞，功績"義項有反義關係。

## 148．是—非

《墨子》中"是"出現612次。義項分別為：①表示肯定判斷。②對，正確，與"非"相對。③認為……正確。④代詞。⑤助詞。

《墨子》中"非"出現402次。義項分別為：①不正確，錯誤。②以……為非。③非難，反對。④沒有。⑤異常。⑥否定副詞，不，不是。

（1）"是"與"非"在"正確與否"這一義位上構成相反意義。具體為"是"的"對，正確"義項和"非"的"不正確，錯誤"義項有反義關係。

例289：故中效，則<u>是</u>也；不中效，則<u>非</u>也，此效也。（卷十一，小取第四十五，416）

是：對，正確。《玉篇·是部》："是，是非也。"

否：不正確，錯誤。《廣韻·之韻》："非，不是也。"

"是"的"對,正確"義項和"非"的"不正確,錯誤"義項有反義關係。

(2)"是"與"非"在"認為……正確與否"這一義位上構成相反意義。具體為"是"的"認為……正確"義項和"非"的"以……為非"義項有反義關係。

例290:上之所<u>是</u>,必皆<u>是</u>之,所<u>非</u>必皆<u>非</u>之,上有過則規諫之,下有善則傍薦之。(卷三,尚同上第十一,75)

是:《墨子大詞典》認為在《墨子》中"是"有"認為……正確"義項。(《墨子大詞典》,295)

否:《墨子大詞典》認為在《墨子》中"否"有"以……為非"義項。(《墨子大詞典》,81)

"是"的"認為……正確"義項和"非"的"以……為非"義項有反義關係。

## 149. 乏—足

《墨子》中"乏"出現2次。義項分別為:①缺少。②耽誤。

《墨子》中"足"出現157次。義項分別為:①腳。②動物之蹄。③充足。④滿足,知足。⑤夠,足夠。⑥多,與"少"相對。⑦值得。

"乏"的"缺少"義項和"足"的"充足"義項有反義關係。

例291:布粟<u>乏</u>絕,則委之。(卷五,非攻下第十九,156)

例292:君子不強聽治,卽刑政亂;賤人不強從事,卽財用不<u>足</u>。(卷八,非樂上第三十二,257)

乏:缺少。《廣韻·乏韻》:"乏,匱也。"

足:充足。《詩·小雅·天保》:"降爾遐福,維日不足。"鄭玄箋:"汲汲然如日且不足也。"

"乏"的"缺少"義項和"足"的"充足"義項有反義關係。

## 150. 前—後

《墨子》中"前"出現49次。義項分別為:①方位名詞,與"後"相對。②時間在先。③從前,以前。④前進,往前。

《墨子》中"後"出現140次。義項分別為:①後代,後裔。②位置在後。③時間在後。④晚於,遲於。⑤然後,以後。⑥背後,背地裡。⑦通"厚"。

（1）"前"的"位置在前"義項和"後"的"位置在後"義項有反義關係。

例293：若有患難，則使百人處於<u>前</u>，數百於<u>後</u>，與婦人數百人處前後，孰安？（卷十二，貴義第四十七，446）

前：位置在前。《論語·子罕》："瞻之在前，忽焉在後。"

後：位置在後。《說文·彳部》："後，遲也。"《廣雅·釋詁三》："後，晚也。"

"前"的"位置在前"義項和"後"的"位置在後"義項有反義關係。

（2）"前"的"時間在先"義項和"後"的"時間在後"義項有反義關係。

例294：且，自<u>前</u>曰且，自<u>後</u>曰已，方然亦且。（卷十，經說上第四十二，339）

前：時間在先。《文選·顏延之〈皇太子釋奠會作詩〉》："彼前文，矩周規值。"呂延濟注："前文，謂古文也。"

後：時間在後。《玉篇·彳部》："後，前後。"

"前"的"時間在先"義項和"後"的"時間在後"義項有反義關係。

### 151. 繁—寡

《墨子》中"繁"出現14次。義項分別為：①多，大量地。②頻繁，密集。③使動，使……繁複。

《墨子》中"寡"出現71次。義項分別為：①少。②人口少。③使……少。④沒有配偶的男女。⑤寡婦。⑥獨一，單一。⑦寡陋。

"繁"的"多，大量地"義項和"寡"的"少"義項有反義關係。

例295：故其樂逾<u>繁</u>者，其治逾<u>寡</u>。（卷一，三辯第七，41）

繁：多，大量地。《小爾雅·廣詁》："繁，多也。"

寡：少。《說文·宀部》："寡，少也。"

"繁"的"多，大量地"義項和"寡"的"少"義項有反義關係。

### 152. 疾—緩

《墨子》中"疾"出現51次。義項分別為：①疾病，毛病。②疼痛。③憂慮。④急速，迅疾。⑤急切，奮力。⑥猛烈。

《墨子》中"緩"出現6次。義項分別為：①怠慢。②鬆懈。③緩慢。

"疾"的"急速，迅疾"義項和"緩"的"緩慢"義項有反義關係。

例296：卒有驚事，中軍疾擊鼓者三，城上道路、里中巷街，皆無得行，行者斬。（卷十五，號令第七十，591）

例297：務言而緩行，雖辯必不聽；多力而伐功，雖勞必不圖。（卷一，修身第二，10）

疾：急速，迅疾。《廣韻·質韻》："疾，急也。"

緩：《墨子大詞典》認為在《墨子》中"緩"有"緩慢"義項。（《墨子大詞典》，129）

"疾"的"急速，迅疾"義項和"緩"的"緩慢"義項有反義關係。

### 153. 興－除

《墨子》中"興"出現39次。義項分別為：①興辦。②發動。③產生，發生。④作，製作。⑤起，站立。⑥盛，多。

《墨子》中"除"出現32次。義項分別為：①除去，去掉。②免除。③拆除。④撲滅。⑤拜官受職。

"興"的"興辦"義項和"除"的"除去，去掉"義項有反義關係。

例298：子墨子言曰："仁人之事者，必務求興天下之利，除天下之害。"（卷四，兼愛下第十六，113）

興：興辦。《呂氏春秋·義賞》："姦偽賊亂貪戾之道興。"高誘注："興，作也。"

除：除去，去掉。《廣雅·釋詁二》："除，去也。"《洪武正韻·魚韻》："除，去之也。"

"興"的"興辦"義項和"除"的"除去，去掉"義項有反義關係。

### 154. 貪－厭

《墨子》中"貪"出現8次。義項分別為：①貪圖。②貪婪。

《墨子》中"厭"出現4次。義項分別為：①厭倦。②通"饜"，滿足。

"貪"與"厭"在"貪婪與否"這一義位上構成相反意義。具體為"貪"的"貪婪"義項和"厭"的"滿足"義項有反義關係。

例299：此六君者所染不當，故國家殘亡，身為刑戮，宗廟破滅，絕無

後類,君臣離散,民人流亡,舉天下之貪暴苛擾者,必稱此六君也。(卷一,所染第三,18)

例 300:五穀既收,大喪是隨,子姓皆從,得厭飲食,畢治數喪,足以至矣。(卷九,非儒下第三十九,292)

貪:貪婪。《集韻·勘韻》:"貪,多欲也。"
厭:滿足。《集韻·豔韻》:"厭,足也。"
"貪"的"貪婪"義項和"厭"的"滿足"義項有反義關係。

## 155. 左—右

《墨子》中"左"出現 58 次。義項分別為:①方位名詞,左邊。②用作動詞,向左走。③指兵車左側的士卒。④通"佐",輔助。⑤"挫"的借字,挫傷,挫敗。

《墨子》中"右"出現 55 次。義項分別為:①方位名詞,右邊。②指兵車右側的士卒。

(1)"左"與"右"的詞義具有相對關係。具體為"左"和"右"在方位名詞這個義項上有反義關係。

例 301:女子到大軍,令行者男子行左,女子行右,無並行,皆就其守,不從令者斬。(卷十五,號令第七十,591)

左:方位名詞,左邊。《字彙·工部》:"左,右之對也。"
右:《墨子大詞典》認為在《墨子》中"右"有"右邊"義項。(《墨子大詞典》,405)
"左"和"右"在方位名詞這個義項上有反義關係。

(2)"左"與"右"在"兵車左側或右側的士卒"這一義位上構成相對意義。具體為"左"的"兵車左側的士卒"義項和"右"的"兵車右側的士卒"義項有反義關係。

例 302:左不共于左,右不共于右,若不共命,御非爾馬之政,若不共命。(卷八,明鬼下第三十一,242)

左:《墨子大詞典》認為在《墨子》中"左"有"兵車左側的士卒"義項。(《墨子大詞典》,461)
右:《墨子大詞典》認為在《墨子》中"右"有"兵車右側的士卒"義項。

（《墨子大詞典》，405）

"左"的"兵車左側的士卒"義項和"右"的"兵車右側的士卒"義項有反義關係。

### 156. 深—淺

《墨子》中"深"出現 30 次。義項分別為：①從上到下，或從外到里的距離"大"，跟"淺"相對。②幽深。③嚴重，深重。④深奧。

《墨子》中"淺"出現 10 次。義項分別為：①從上到下，或從外到里的距離"小"，跟"深"相對。②道理淺顯。

（1）"深"的"從上到下，或從外到里的距離'大'"義項和"淺"的"從上到下，或從外到里的距離'小'"義項有反義關係。

例 303：且應必應，問之時若應，長應有深淺。（卷十，經說下第四十三，377）

深：《墨子大詞典》認為在《墨子》中"深"有"從上到下，或從外到里的距離'大'"義項。（《墨子大詞典》，278）

淺：《墨子大詞典》認為在《墨子》中"淺"有"從上到下，或從外到里的距離'小'"義項。（《墨子大詞典》，239）

"深"的"從上到下，或從外到里的距離'大'"義項和"淺"的"從上到下，或從外到里的距離'小'"義項有反義關係。

（2）"深"的"深奧"義項和"淺"的"道理淺顯"義項有反義關係。

例 304：子深其深，淺其淺，益其益，尊其尊。（卷十一，大取第四十四，410）

深：《墨子大詞典》認為在《墨子》中"深"有"深奧"義項。（《墨子大詞典》，278）

淺：《墨子大詞典》認為在《墨子》中"淺"有"道理淺顯"義項。（《墨子大詞典》，239）

"深"的"深奧"義項和"淺"的"道理淺顯"義項有反義關係。

### 157. 活—死

《墨子》中"活"出現 2 次。義項分別為：①生存，活命。②使動用法，使……活。

《墨子》中"死"出現 103 次。義項分別為：①死亡。②死者。③拼命。④因……而死。⑤為……而死。⑥通"屍"，屍體。⑦通"私"，私有。

"活"與"死"在"活命与否"這一義位上構成相反意義。具體為"活"的"生存，活命"義項和"死"的"死亡"義項有反義關係。

例 305：暴亂之人也得活，天下害不除，是為羣殘父母，而深賤世也，不義莫大焉！（卷九，非儒下第三十九，296）

例 306：此四王者，所染不當，故國殘身死，為天下僇。（卷一，所染第三，14）

活：生存，活命。《廣韻·末韻》："活，不死也。"《詩·周頌·載芟》："播厥百穀，實函斯活。"鄭玄箋："活，生也。"

死：死亡。《說文·歹部》："死，澌也，人所離也。"段玉裁注："《方言》：'澌，索也，盡也。'是澌為凡盡之稱，人盡曰死。"

"活"的"生存，活命"義項和"死"的"死亡"義項有反義關係。

### 158. 清—濁

《墨子》中"清"出現 3 次。義項分別為：①清澈。②明白，清楚。

《墨子》中"濁"出現 3 次。用作"渾濁"之義。

"清"與"濁"在"清澈與否"這一義位上構成相反意義。具體為"清"的"清澈"義項和"濁"的"渾濁"義項有反義關係。

例 307：本不固者末必幾，雄而不脩者其後必惰，原濁者流不清，行不信者名必耗。（卷一，修身第二，10）

清：清澈。《玉篇·水部》："清，澄也，潔也。"

濁：渾濁。《篇海類編·地理類·水部》："濁，不清也。"

"清"的"清澈"義項和"濁"的"渾濁"義項有反義關係。

### 159. 溫—清

《墨子》中"溫"出現 2 次。用作"溫暖"之義。

《墨子》中"清"出現 4 次。用作"清涼，涼爽"之義。

"溫"的"溫暖"義項和"清"的"清涼，涼爽"義項有反義關係。

例 308：古之民未知爲衣服時，衣皮帶茭，冬則不輕而溫，夏則不輕而

清。（卷一，辭過第六，32）

溫：溫暖。《廣雅·釋詁三》："溫，煖也。"

清：清涼，涼爽。《集韻·勁韻》："清，寒也。或作凊。"《莊子·人間世》："吾食也執粗而不臧，爨無欲清之人。"陸德明釋文："清，字宜從冫。從水者，假借也。凊，涼也。"

"溫"的"溫暖"義項和"清"的"清涼，涼爽"義項有反義關係。

### 160. 暖/煖/燠—清

《墨子》中"暖/煖/燠"出現 8 次。義項分別為：①溫暖，暖和。②使……暖和。

《墨子》中"清"出現 4 次。用作"清涼，涼爽"之義。

"暖/煖/燠"的"溫暖，暖和"義項和"清"的"清涼，涼爽"義項有反義關係。

例 309：冬則輕燠，夏則輕清，皆已具矣，必厚作斂於百姓，暴奪民衣食之財，以爲錦繡文采靡曼之衣，鑄金以爲鉤，珠玉以爲珮，女工作文采，男工作刻鏤，以爲身服。此非云益燠之情也，單財勞力畢歸之於無用也。以此觀之，其爲衣服，非爲身體，皆爲觀好。（卷一，辭過第六，34）"燠"治要作"煖"。

例 310：冬則練帛之中，足以爲輕且煖；夏則絺綌之中，足以爲輕且清。（卷一，辭過第六，33）《文選注》引作"燠"。

暖/煖/燠：溫暖，暖和。《玉篇·日部》："暖，溫也。"

清：清涼，涼爽。《集韻·勁韻》："清，寒也。或作凊。"《莊子·人間世》："吾食也執粗而不臧，爨無欲清之人。"陸德明釋文："清，字宜從冫。從水者，假借也。凊，涼也。"

"暖/煖/燠"的"溫暖，暖和"義項和"清"的"清涼，涼爽"義項有反義關係。

### 161. 煖—寒

《墨子》中"煖"出現 5 次。義項分別為：①溫暖，暖和。②使……暖和。

《墨子》中"寒"出現 38 次。義項分別為：①寒冷。②指受凍的人。

"煖"的"溫暖，暖和"義項和"寒"的"寒冷"義項有反義關係。

例311：曰彼以爲強必富，不強必貧，強必煖，不強必寒，故不敢怠倦。（卷九，非命下第三十七，284）

煖：溫暖，暖和。《說文·火部》："煖，溫也。"朱駿聲通訓定聲："煖，字亦作暖。"

寒：寒冷。《說文·宀部》："寒，凍也。"段玉裁注："凍當作冷。"

"煖"的"溫暖，暖和"義項和"寒"的"寒冷"義項有反義關係。

### 162. 神—形

《墨子》中"神"出現129次。義項分別爲：①神仙，神靈。②神奇，靈驗。③精神。④隱形之事。

《墨子》中"形"出現13次。義項分別爲：①形狀。②情形。③身體。④通"型"，類型。

"神"與"形"的詞義具有相對關係。具體爲"神"的"精神"義項和"形"的"身體"義項有反義關係。

例312：不能爲君者，傷形費神，愁心勞意，然國逾危，身逾辱。（卷一，所染第三，18）

神：精神。《荀子·天論》："形具而神生，好惡喜怒哀樂臧焉。"楊倞注："神謂精魂。"

形：身體。《增韻·青韻》："形，體也。"

"神"的"精神"義項和"形"的"身體"義項有反義關係。

### 163. 新—舊

《墨子》中"新"出現6次。義項分別爲：①剛出現的，與"舊"相對。②使動，使……新。③新鮮，有活力。

《墨子》中"舊"出現5次。義項分別爲：舊有的，與"新"相對。

"新"與"舊"在"新與否"這一義位上構成相反意義。具體爲"新"的"剛出現的"義項和"舊"的"舊有的"義項有反義關係。

例313：所謂古之言服者，皆嘗新矣，而古人言之，服之，則非君子也。（卷九，非儒下第三十九，293）

例314：葉公子高豈不知善爲政者之遠者近也，而舊者新是哉？（卷十一，耕柱第四十六，431）

新：剛出現的，與"舊"相對。清段玉裁《說文解字注·斤部》："新，引申為凡始基之偁。"

舊：舊有的，與"新"相對。《廣韻·宥韻》："舊，故也。"

"新"的"剛出現的"義項和"舊"的"舊有的"義項有反義關係。

## 164. 禍—福

《墨子》中"禍"出現 27 次。義項分別為：①災禍，禍患。②使……受禍。

《墨子》中"福"出現 35 次。義項分別為：①福祉，幸福。②用作動詞，賜福。③義通"富"，富裕。

（1）"禍"與"福"在"災禍或福祉"上構成相反意義。具體為"禍"的"災禍，禍患"義項和"福"的"福祉，幸福"義項有反義關係。

例 315：自桀紂以下，皆以鬼神為不神明，不能為禍福，執無祥不祥，是以政亂而國危也。（卷十二，公孟第四十八，455）

禍：災禍，禍患。《說文·示部》："禍，害也。"《字彙·示部》："禍，殃也，害也，災也。"

福：福祉，幸福。《韓非子·解老》："全壽富貴之謂福。"《禮記·祭統》："福者，備也。備者，百順之名也，無所不順者謂之備。"

"禍"的"災禍，禍患"義項和"福"的"福祉，幸福"義項有反義關係。

（2）"禍"與"福"在"使……受禍或受福"上構成相反意義。具體為"禍"的"使……受禍"義項和"福"的"賜福"義項有反義關係。

例 316：為善者富之，為暴者禍之。（卷十二，公孟第四十八，463）王念孫云："富與福同"。

禍：《墨子大詞典》認為在《墨子》中"禍"有"使……受禍"義項。（《墨子大詞典》，134）

福：《墨子大詞典》認為在《墨子》中"福"有"賜福"義項。（《墨子大詞典》，90）

"禍"的"使……受禍"義項和"福"的"賜福"義項有反義關係。

## 165. 強—弱

《墨子》中"強"出現 56 次。義項分別為：①有力。②強大，強盛。③名

詞，強大的人或事。④使……強健。⑤堅固，牢固。

《墨子》中"弱"出現24次。義項分別為：①弱小。②軟弱，無志氣。③名詞，弱小的人或事。

"強"的"強大，強盛"義項和"弱"的"弱小"義項有反義關係。

例317：以此效大國，則小國之君說，人勞我逸，則我甲兵強。（卷五，非攻下第十九，156）

例318：使人各得其所長，天下事當，鈞其分職，天下事得，皆其所喜，天下事備，強弱有數，天下事具矣。（卷十五，襍守第七十一，622）

強：強大，強盛。《銀雀山漢墓竹簡·孫臏兵法·客主人分》："甲堅兵利不得以為強。"

弱：弱小。《玉篇·弓部》："弱，尪劣也。"《書·洪範》："六曰弱。"孔傳："尪劣。"孔穎達疏："尪劣并是弱事，為筋力弱，亦為志氣弱。"

"強"的"強大，強盛"義項和"弱"的"弱小"義項有反義關係。

### 166. 順—違

《墨子》中"順"出現43次。義項分別為：①朝著同一方向，順著。②依循，順從。③順應，應允。④醫治。⑤義通"慎"，慎重。

《墨子》中"違"出現3次。義項分別為：①違背。②避免，擺脫。

"順"與"違"在"順從與否"這一義位上構成相反意義。具體為"順"的"依循，順從"義項和"違"的"違背"義項有反義關係。

例319：聖人者，事無辭也，物無違也，故能為天下器。（卷一，親士第一，6）

例320：曰愛人利人，順天之意，得天之賞者有之；憎人賊人，反天之意，得天之罰者亦有矣。（卷七，天志中第二十七，204）

順：依循，順從。《釋名·釋言語》："順，循也。循其理也。"《廣韻·稕韻》："順，從也。"

違：違背。《廣雅·釋詁二》："違，俻也。"《玉篇·辵部》："違，背也。"

"順"的"依循，順從"義項和"違"的"違背"義項有反義關係。

### 167. 鰥—寡

《墨子》中"鰥"出現 3 次。用作"無妻的人"之義。

《墨子》中"寡"出現 71 次。義項分別為：①少。②人口少。③使……少。④沒有配偶的男女。⑤寡婦，無夫的人。⑥獨一，單一。⑦寡陋。

"鰥"與"寡"的詞義具有相對關係。具體為"鰥"的"無妻的人"義項和"寡"的"寡婦，無夫的人"義項有反義關係。

例 321：日覃后之肆在下，明明不常，<u>鰥寡</u>不蓋，德威維威，德明維明。（卷二，尚賢中第九，63）

鰥：無妻的人。

寡：寡婦，無夫的人。《釋名·釋親屬》："無夫曰寡。"

"鰥"的"無妻的人"義項和"寡"的"寡婦"義項有反義關係。

### 168. 壯—弱

《墨子》中"壯"出現 4 次。用作"強壯"之義。

《墨子》中"弱"出現 24 次。義項分別為：①弱小。②軟弱，無志氣。③名詞，弱小的人或事。

"壯"的"強壯"義項和"弱"的"弱小"義項有反義關係。

例 322：為薪蕘挈，<u>壯</u>者有挈，<u>弱</u>者有挈，皆稱亓任。（卷十四，備城門第五十二，535）

壯：強壯。《說文·士部》："壯，大也。"《字彙·士部》："壯，碩也。"

弱：弱小。《玉篇·弓部》："弱，尫劣也。"《書·洪範》："六曰弱。"孔傳："尫劣。"孔穎達疏："尫劣并是弱事，為筋力弱，亦為志氣弱。"

"壯"的"強壯"義項和"弱"的"弱小"義項有反義關係。

### 169. 雄—雌

《墨子》中"雄"出現 3 次。義項分別為：①雄性。②有勇氣，勇敢。

《墨子》中"雌"出現 2 次。用作"雌性"之義。

"雄"與"雌"的詞義具有相對關係。具體為"雄"的"雄性"義項和"雌"的"雌性"義項有反義關係。

例 323：聖人有傳，天地也，則曰上下；四時也，則曰陰陽；人情也，

則曰男女；禽獸也，則曰牡牝雄雌也。（卷一，辭過第六，37）

例 324：故唯使雄不耕稼樹藝，雌亦不紡績織紝，衣食之財固已具矣。（卷八，非樂上第三十二，257）

雄：《墨子大詞典》認為在《墨子》中"雄"有"雄性"義項。（《墨子大詞典》，372）

雌：《墨子大詞典》認為在《墨子》中"雌"有"雌性"義項。（《墨子大詞典》，46）

"雄"的"雄性"義項和"雌"的"雌性"義項有反義關係。

## 170. 得—失

《墨子》中"得"出現 371 次。義項分別為：①得到，獲得。②使動用法，使……得到。③得知，得悉。④可以，能夠。⑤得當。⑥染（病）。⑦能愿動詞，要。⑧成功。⑨任用。

《墨子》中"失"出現 60 次。義項分別為：①喪失，失掉。②拋棄。③錯過，放過。④失誤，過錯。⑤因……有誤。

"得"與"失"在"得到與否"這一義位上構成相反意義。具體為"得"的"得到，獲得"義項和"失"的"喪失，失掉"義項有反義關係。

例 325：是故古之知者之為天下度也，必順慮其義，而後為之行，是以動則不疑，速通成得其所欲，而順天鬼百姓之利，則知者之道也。（卷五，非攻下第十九，141）

例 326：三代之暴王桀紂幽厲，讎怨行暴，失天下。（卷十三，魯問第四十九，466）

得：得到，獲得。《說文·彳部》："得，行有所得也。"《玉篇·彳部》："得，獲也。"《易·乾》："知得而不知喪。"

失：喪失，失掉。《說文·手部》："失，縱也。"段玉裁注："失，一曰捨也。在手而逸去為失。"《增修互註禮部韻略·質韻》："失，遺也。"

"得"的"得到，獲得"義項和"失"的"喪失，失掉"義項有反義關係。

## 171. 敬—辱

《墨子》中"敬"出現 25 次。義項分別為：①恭敬，尊敬。②嚴肅，慎重。③奠祭。④通"儆"，儆戒。

《墨子》中"辱"出現5次。義項分別為：①可恥，恥辱。②侮辱。

"敬"的"恭敬，尊敬"義項和"辱"的"侮辱"義項有反義關係。

例327：及勇士父母親戚妻子皆時酒肉，必<u>敬</u>之，舍之必近太守。（卷十五，號令第七十，607）

例328：若大人舉不義之異行，雖得大巧之經，可行於軍旅之事，欲攻伐無罪之國，有之也，君得之，則必用之矣。以廣辟土地，著稅偽材，出必見<u>辱</u>，所攻者不利，而攻者亦不利，是兩不利也。（卷十二，公孟第四十八，450）

敬：恭敬，尊敬。《周禮·天官·大宰》："二曰敬故。"鄭玄曰："不慢舊也。"

辱：《墨子大詞典》認為在《墨子》中"辱"有"侮辱"義項。（《墨子大詞典》，261）

"敬"的"恭敬，尊敬"義項和"辱"的"侮辱"義項有反義關係。

### 172. 窕—橫

《墨子》中"窕"出現2次。用作"不滿，虧缺"之義。

《墨子》中"橫"出現8次。義項分別為：①橫向。②橫木。③充塞。

"窕"與"橫"在"充塞與否"這一義位上構成相反意義。具體為"窕"的"不滿，虧缺"義項和"橫"的"充塞"義項有反義關係。

例329：是故大用之，治天下不<u>窕</u>，小用之，治一國一家而不<u>橫</u>者，若道之謂也。（卷三，尚同下第十三，96）

窕：不滿，虧缺。《呂氏春秋·適音》："不充則不詹，不詹則窕。"高誘注："窕，不滿密也。"

橫：充塞。《漢書·禮樂志》："揚金光，橫泰河。"顏師古注："橫，充滿也。"

"窕"的"不滿，虧缺"義項和"橫"的"充塞"義項有反義關係。

### 173. 始—終

《墨子》中"始"出現30次。義項分別為：①開始。②當初，先前。

《墨子》中"終"出現30次。義項分別為：①始終，一直。②終久，最終。③終了，結束。④長久。⑤善終，使動。⑥齊，相等。

"始"與"終"在"開始或結束"上構成相反意義。具體為"始"的"開始"義項和"終"的"終了，結束"義項有反義關係。

例330：是故置本不安者，無務豐末；近者不親，無務來遠；親戚不附，無務外交；事無終始，無務多業；舉物而闇，無務博聞。（卷一，修身第二，8）

例331：奪人車馬衣裘以自利者並作，由此始，是以天下亂。（卷八，明鬼下第三十一，222）

例332：於是泏洫摋羊而漉其血，讀王里國之辭既已終矣，讀中里徼之辭未半也，羊起而觸之，折其腳，祧神之而槀之，殪之盟所。（卷八，明鬼下第三十一，233）

始：開始。《說文·女部》："始，女之初也。"段玉裁注："《釋詁》曰：初，始也。此與為互訓。"

終：終了，結束。《國語·魯語上》："終則講於會，以正班爵之義。"韋昭注："終，畢也。"

"始"的"開始"義項和"終"的"終了，結束"義項有反義關係。

## 174. 始—今

《墨子》中"始"出現30次。義項分別為：①開始。②當初，先前。

《墨子》中"今"出現313次。義項分別為：①現在，當今。②連詞，表假設，如果。③語氣助詞，"夫"。

"始"與"今"的詞義具有相對關係。具體為"始"的"當初，先前"義項和"今"的"現在，當今"義項有反義關係。

例333：始也謂此南方，故今也謂此南方。（卷十，經說下第四十三，374）

始：《墨子大詞典》認為在《墨子》中"始"有"當初，先前"義項。（《墨子大詞典》，290）

今：現在，當今。《說文·亼部》："今，是時也。"

"始"的"當初，先前"義項和"今"的"現在，當今"義項有反義關係。

## 175. 勸—止

《墨子》中"勸"出現33次。義項分別為：①鼓勵，勉勵。②受到鼓勵。

③因……受到鼓勵。④勸導。⑤努力，勉力。⑥鼓動，慫恿。

《墨子》中"止"出現83次。義項分別為：①停止，終止。②靜止。③阻止，禁止。④為止，足夠。⑤滯留。⑥非，駁斥。⑦罷了。⑧通"址"。⑨義通"只"，僅。

"勸"的"鼓勵，勉勵"義項和"止"的"阻止，禁止"義項有反義關係。

例334：今天下莫為義，則子如<u>勸</u>我者也，何故<u>止</u>我？（卷十二，貴義第四十七，440）

勸：鼓勵，勉勵。《說文·力部》："勸，勉也。"段玉裁注："勉之而悅從亦曰勸。"

止：阻止，禁止。《呂氏春秋·貴生》："口雖欲滋味，害於生則止。"高誘注："止，禁也。"

"勸"的"鼓勵，勉勵"義項和"止"的"阻止，禁止"義項有反義關係。

### 176. 勸—沮

《墨子》中"勸"出現33次。義項分別為：①鼓勵，勉勵。②受到鼓勵。③因……受到鼓勵。④勸導。⑤努力，勉力。⑥鼓動，慫恿。

《墨子》中"沮"出現13次。義項分別為：①阻止，勸阻，禁止。②受到阻止。

（1）"勸"的"鼓勵，勉勵"義項和"沮"的"阻止，勸阻，禁止"義項有反義關係。

例335：今天下莫為義，則子如<u>勸</u>我者也，何故止我？（卷十二，貴義第四十七，440）

例336：意亦使法其言，用其謀，厚葬久喪實不可以富貧衆寡，定危理亂乎，此非仁非義，非孝子之事也，爲人謀者不可不<u>沮</u>也。（卷六，節葬下第二十五，171）

勸：鼓勵，勉勵。《說文·力部》："勸，勉也。"段玉裁注："勉之而悅從亦曰勸。"

沮：阻止，勸阻，禁止。《廣韻·語韻》："沮，止也。"

"勸"的"鼓勵，勉勵"義項和"沮"的"阻止，勸阻，禁止"義項有反義關係。

（2）"勸"的"受到鼓勵"義項和"沮"的"受到阻止"義項有反義關係。

例 337：今惟毋以尚賢爲政其國家百姓，使國爲善者勸，爲暴者沮，大以爲政於天下，使天下之爲善者勸，爲暴者沮。（卷二，尚賢下第十，66）

勸：《墨子大詞典》認爲在《墨子》中"勸"有"受到鼓勵"義項。（《墨子大詞典》，252）

沮：《墨子大詞典》認爲在《墨子》中"勸"有"受到阻止"義項。（《墨子大詞典》，167）

"勸"的"受到鼓勵"義項和"沮"的"受到阻止"義項有反義關係。

### 177. 勸—畏

《墨子》中"勸"出現 33 次。義項分別爲：①鼓勵，勉勵。②受到鼓勵。③因……受到鼓勵。④勸導。⑤努力，勉力。⑥鼓動，慫恿。

《墨子》中"畏"出現 8 次。義項分別爲：害怕，畏懼。

"勸"的"因……受到鼓勵"義項和"沮"的"害怕，畏懼"義項有反義關係。

例 338：故古者聖王甚尊尚賢而任使能，不黨父兄，不偏貴富，不嬖顏色，賢者舉而上之，富而貴之，以爲官長；不肖者抑而廢之，貧而賤之以爲徒役，是以民皆勸其賞，畏其罰，相率而爲賢。（卷二，尚賢中第九，49）

勸：《墨子大詞典》認爲在《墨子》中"勸"有"因……受到鼓勵"義項。（《墨子大詞典》，252）

畏：《墨子大詞典》認爲在《墨子》中"畏"有"害怕，畏懼"義項。（《墨子大詞典》，342）

"勸"的"因……受到鼓勵"義項和"沮"的"害怕，畏懼"義項有反義關係。

### 178. 故—新

《墨子》中"故"出現 549 次。義項分別爲：①原因，緣故。②舊有的，原來的。③事，事情。④理由，事理。⑤連詞，因此，所以。⑥句首助詞，無義。⑦通"固"，本來。⑧猶"則"，那麼。

《墨子》中"新"出現 6 次。義項分別爲：①剛出現的。②使動，使……新。③新鮮，有活力。

"故"與"新"在"舊與否"這一義位上構成相反意義。具體爲"故"的

"舊有的，原來的"義項和"新"的"剛出現的"義項有反義關係。

例339：公尚過說越王，越王大說，謂公尚過曰："先生苟能使子墨子於越而教寡人，請裂<u>故</u>吳之地，方五百里，以封子墨子。"（卷十三，魯問第四十九，474）

例340：所謂古之言服者，皆嘗<u>新</u>矣，而古人言之，服之，則非君子也。（卷九，非儒下第三十九，293）

故：舊有的，原來的。《廣韻·暮韻》："故，舊也。"
新：剛出現的。清段玉裁《說文解字注·斤部》："新，引申為凡始基之偁。"

"故"的"舊有的，原來的"義項和"新"的"剛出現的"義項有反義關係。

## 179. 拙—巧

《墨子》中"拙"出現5次。義項分別為：①笨拙。②拙劣。③義通"屈"，彎曲。

《墨子》中"巧"出現22次。義項分別為：①技藝高明。②精巧，巧妙。③偽詐，虛假。

"拙"的"笨拙"義項和"巧"的"精巧，巧妙"義項有反義關係。

例341：客在城下，因數易其署而無易其養，譽敵：少以為眾，亂以為治，敵攻<u>拙</u>以為<u>巧</u>者，斷。（卷十五，號令第七十，605）

例342：故所為<u>巧</u>，利於人謂之<u>巧</u>，不利於人謂之<u>拙</u>。（卷十三，魯問第四十九，482）

拙：笨拙。《說文·手部》："拙，不巧也。"段玉裁注："不能為技巧也。"《廣雅·釋詁三》："拙，鈍也。"

巧：《墨子大詞典》認為在《墨子》中"巧"有"巧妙"義項。（《墨子大詞典》，241）

"拙"的"笨拙"義項和"巧"的"精巧，巧妙"義項有反義關係。

## 180. 抑—舉

《墨子》中"抑"出現4次。義項分別為：①抑制，控制。②忍耐。③如

果。④填埋。

《墨子》中"舉"出現123次。義項分別為：①往上托，舉起。②稱贊，表彰。③推舉，提拔。④列舉，舉例。⑤舉報，上報。⑥用。⑦拾取。⑧選取。⑨興辦，施行。⑩興起，發動。⑪調查，登記。⑫全，全部。⑬猶"言"，以言表實。

"抑"的"抑制，控制"義項和"舉"的"推舉，提拔"義項有反義關係。

例343：故古者聖王甚尊尚賢而任使能，不黨父兄，不偏貴富，不嬖顏色，賢者舉而上之，富而貴之，以爲官長；不肖者抑而廢之，貧而賤之以爲徒役，是以民皆勸其賞，畏其罰，相率而爲賢。（卷二，尚賢中第九，49）

抑：《墨子大詞典》認為在《墨子》中"抑"有"抑制，控制"義項。（《墨子大詞典》，393）

舉：《墨子大詞典》認為在《墨子》中"舉"有"推舉，提拔"義項。（《墨子大詞典》，168）

"抑"的"抑制"義項和"舉"的"推舉，提拔"義項有反義關係。

### 181. 暢—塞

《墨子》中"暢"出現1次。用作"使通達，通暢"之義。

《墨子》中"塞"出現18次。用作"堵塞，阻塞"之義。

"暢"與"塞"在"阻塞與否"這一義位上構成相反意義。具體為"暢"的"使通達，通暢"義項和"塞"的"堵塞，阻塞"義項有反義關係。

例344：暢之四支，接之肌膚，華髮隳顛，而猶弗舍者，其唯聖人乎！（卷一，修身第二，10）

例345：若集客穴，塞之以柴塗，令無可燒版也。（卷十四，備穴第六十二，553）

暢：使通達，通暢。《玉篇·申部》："暢，達也，通也。"《廣韻·漾韻》："暢，通暢，又達也。"

塞：《墨子大詞典》認為在《墨子》中"塞"有"堵塞，阻塞"義項。（《墨子大詞典》，265）

"暢"的"使通達，通暢"義項和"塞"的"堵塞，阻塞"義項有反義關係。

110

## 182. 懼—喜

《墨子》中"懼"出現 12 次。用作"恐懼,害怕"之義。

《墨子》中"喜"出現 15 次。義項分別為:①喜悅,高興。②通"嬉"嬉戲、戲弄。

"懼"的"恐懼,害怕"義項和"喜"的"喜悅,高興"義項有反義關係。

例 346:問於若國之士,孰喜孰懼?(卷二,尚賢下第十,65)

懼:恐懼,害怕。《說文·心部》:"懼,恐也。"《廣韻·遇韻》:"懼,怖懼。"《正字通·心部》:"懼,恐怖也。"

喜:喜悅、高興。《說文·口部》:"喜,樂也。"《玉篇·口部》:"喜,悅也。"

"懼"的"恐懼,害怕"義項和"喜"的"喜悅,高興"義項有反義關係。

## 183. 燥—濕

《墨子》中"燥"出現 1 次。用作"乾燥"之義。

《墨子》中"濕"出現 3 次。用作"潮濕"之義。

"燥"與"濕"在"乾燥與否"這一義位上構成相反意義。具體為"燥"的"乾燥"義項和"濕"的"潮濕"義項有反義關係。

例 347:為卒乾飯,人二斗,以備陰雨,面使積燥處。(卷十四,備城門第五十二,508)

例 348:使,令謂,謂也。不必成濕。(卷十,經說上第四十二,348)

燥:乾燥。《說文·火部》:"燥,乾也。"《玉篇·火部》:"燥,乾燥也。"

濕:《墨子大詞典》認為在《墨子》中"濕"有"潮濕"義項。潮濕。《墨子大詞典》,286)

"燥"的"乾燥"義項和"濕"的"潮濕"義項有反義關係。

## 184. 北—南

《墨子》中"北"出現 32 次。義項分別為:①方位名詞,與"南"相對。②向北走。③往北,向北。④敗逃。⑤同"背",相反。

《墨子》中"南"出現 30 次。義項分別為:①方位名詞,與"北"相對。②向南走。③向南。

（1）"北"與"南"的詞義具有相對關係。具體為"北"和"南"的方位名詞義項有反義關係。

例349：逢逢白雲，一<u>南</u>一<u>北</u>，一西一東。（卷十一，耕柱第四十六，426）

北：北方。《玉篇·北部》："北，方名。"

南：南方。《玉篇·北部》："南，方名。"

"北"和"南"的方位名詞義項有反義關係。

（2）"北"與"南"的詞義具有相對關係。具體為"北"的"向北走"義項和"南"的"向南走"義項有反義關係。

例350：南之人不得<u>北</u>，北之人不得<u>南</u>，其色有黑者有白者，何故皆不遂也？（卷十二，貴義第四十七，448）

北：《墨子大詞典》認為在《墨子》中"北"有"向北走"義項。（《墨子大詞典》，8）

南：《墨子大詞典》認為在《墨子》中"南"有"向南走"義項。（《墨子大詞典》，218）

"北"的"向北走"義項和"南"的"向南走"義項有反義關係。

## 185. 陽—陰

《墨子》中"陽"出現23次。用作"山的南面，水的北面"之義。

《墨子》中"陰"出現7次。用作"山的北面，水的南面"之義。

"陽"與"陰"的詞義具有相對關係。具體為"陽"的"山的南面，水的北面"義項和"陰"的"山的北面，水的南面"義項有反義關係。

例351：故古者堯舉舜於服澤之<u>陽</u>，授之政，天下平；禹舉益於陰方之中，授之政，九州成，湯舉伊尹於庖廚之中，授之政，其謀得；文王舉閎夭泰顛於置罔之中，授之政，西土服。（卷二，尚賢上第八，48）

例352：昔者堯北教乎八狄，道死，葬蛩山之<u>陰</u>，衣衾三領，穀木之棺，葛以緘之，既渢而後哭，滿坎無封。（卷六，節葬下第二十五，182）

陽：山的南面，水的北面。《玉篇·阜部》："陽，山南水北也。"

陰：山的北面，水的南面。《說文·阜部》："陰，水之南。山之北也。"

"陽"的"山的南面，水的北面"義項和"陰"的"山的北面，水的南面"義項有反義關係。

## 186．天—地

《墨子》中"天"出現 934 次。義項分別為：①天空，天穹。②天氣，氣候。③萬物的主宰。

《墨子》中"地"出現 60 次。義項分別為：①大地，與"天"相對。②土地，田地。③指土地的出產。④區域，領土。⑤平地，地面。⑥土壤。⑦地勢。⑧陣地。

"天"與"地"的詞義具有相對關係。具體為"天"的"天空，天穹"義項和"地"的"大地"義項有反義關係。

例 353：聖人之德，若<u>天</u>之高，若<u>地</u>之普，其有昭於天下也。（卷二，尚賢中第九，64）

天：天空，天穹。《說文》："天，顛也。"《爾雅·釋天》："穹蒼，蒼天也。"郭璞注："天形穹窿，其色蒼蒼，因名云。"

地：大地。同"天"相對。《說文·土部》："地，萬物所陳列也。"

"天"的"天空，天穹"義項和"地"的"大地"義項有反義關係。

## 187．仰—俯

《墨子》中"仰"出現 9 次。義項分別為：①抬頭。②依賴，仰仗。③敬重。

《墨子》中"俯"出現 5 次。用作"低頭"之義。

"仰"的"抬頭"義項和"俯"的"低頭"義項有反義關係。

例 354：魯陽文君謂子墨子曰："有語我以忠臣者，令之<u>俯</u>則<u>俯</u>，令之<u>仰</u>則<u>仰</u>，處則靜，呼則應，可謂忠臣乎？"（卷十三，魯問第四十九，471）

仰：抬頭。《說文·人部》："仰，舉也。"《字彙·人部》："仰，舉首望也。"
俯：低頭。《玉篇·人部》："俯，謂下首也。"

"仰"的"抬頭"義項和"俯"的"低頭"義項有反義關係。

## 188．飽—飢

《墨子》中"飽"出現 7 次。義項分別為：①吃足了。②使動，使……吃飽。

《墨子》中"飢"出現 25 次。用作"飢餓"之義。

"飽"的"吃足了"義項和"飢"的"飢餓"義項有反義關係。

例355：曰：彼以爲強必富，不強必貧；強必飽，不強必飢，故不敢怠倦。（卷九，非命下第三十七，283）

飽：吃足了。《說文·食部》："飽，厭也。"《廣韻·巧韻》："飽，食多也。"
飢：飢餓。《一切經音義》卷二十九引《蒼頡篇》曰："飢，餒也，腹中空也。"

"飽"的"吃足了"義項和"飢"的"飢餓"義項有反義關係。

### 189. 廉—貪

《墨子》中"廉"出現 11 次。義項分別為：①廉潔，清廉。②邊，岸。
《墨子》中"貪"出現 8 次。義項分別為：①貪圖。②貪婪。
"廉"的"廉潔，清廉"義項和"貪"的"貪婪"義項有反義關係。

例356：君子之道也，貧則見廉，富則見義，生則見愛，死則見哀，四行者不可虛假，反之身者也。（卷一，修身第二，9）

例357：今衛君無道，而貪其祿爵，則是我為苟陷人長也。（卷十一，耕柱第四十六，433）

廉：廉潔，清廉。《玉篇·广部》："廉，清也。"
貪：貪婪。《集韻·勘韻》："貪，多欲也。"

"廉"的"廉潔，清廉"義項和"貪"的"貪婪"義項有反義關係。

### 190. 顯—辱

《墨子》中"顯"出現 4 次。用作"高貴，顯赫"。
《墨子》中"辱"出現 5 次。義項分別為：①可恥，恥辱。②侮辱。
"顯"的"高貴，顯赫"義項和"辱"的"可恥，恥辱"義項有反義關係。

例358：此四王者所染當，故王天下，立爲天子，功名蔽天地。舉天下之仁義顯人，必稱此四王者。（卷一，所染第三，12）

例359：此四王者，所染不當，故國殘身死，爲天下僇。舉天下不義辱人，必稱此四王者。（卷一，所染第三，14）

顯：高貴，顯赫。《改併四聲篇海·頁部》引《玉篇》："顯，榮也。"
辱：可恥，恥辱。《說文·辰部》："辱，恥也。"

"顯"的"高貴，顯赫"義項和"辱"的"可恥，恥辱"義項有反義關係。

## 191. 榮—辱

《墨子》中"榮"出現5次。義項分別為：①光榮，榮耀。②快樂，舒服。
《墨子》中"辱"出現5次。義項分別為：①可恥，恥辱。②侮辱。
"榮"的"光榮，榮耀"義項和"辱"的"可恥，恥辱"義項有反義關係。

例 360：曰：彼以爲強必貴，不強必賤；強必榮，不強必辱，故不敢怠倦。（卷九，非命下第三十七，283）

例 361：非獨國有染也，士亦有染。其友皆好仁義，淳謹畏令，則家日益、身日安、名日榮，處官得其理矣，則段干木、禽子、傅說之徒是也。其友皆好矜奮，創作比周，則家日損、身日危、名日辱，處官失其理矣，則子西、易牙、豎刁之徒是也。（卷一，所染第三 19）

榮：《墨子大詞典》認爲在《墨子》中"榮"有"光榮，榮耀"義項。（《墨子大詞典》，260）

辱：可恥，恥辱。《說文·辰部》："辱，恥也。"

"榮"的"光榮，榮耀"義項和"辱"的"可恥，恥辱"義項有反義關係。

## 192. 愛—賊

《墨子》中"愛"出現265次。義項分別為：①仁愛，加惠。②對人或事物有很深的感情。③吝惜。④所喜愛的人或東西。

《墨子》中"賊"出現81次。義項分別為：①作亂之人。②禍根。③傷害，殘害。④危害。

"愛"的"仁愛，加惠"義項和"賊"的"傷害，殘害"義項有反義關係。

例 362：家主不相愛則必相篡，人與人不相愛則必相賊，君臣不相愛則不惠忠，父子不相愛則不慈孝，兄弟不相愛則不和調。（卷四，兼愛中第十五 102）

愛：仁愛，加惠。《廣雅·釋詁四》："愛，仁也。"《玉篇·夂部》："愛，仁愛也。"

賊：傷害，殘害。《玉篇·戈部》："賊，傷害人也。"

"愛"的"仁愛，加惠"義項和"賊"的"傷害，殘害"義項有反義關係。

## 193. 利—賊

《墨子》中"利"出現 378 次。義項分別為：①利益，好處。②利潤，財利。③有利，利於。④獲利。⑤便利，方便。⑥鋒利，銳利。⑦使動，使……伶俐。

《墨子》中"賊"出現 81 次。義項分別為：①作亂之人。②禍根。③傷害，殘害。④危害。

"利"的"有利，利於"義項和"賊"的"傷害，殘害"義項有反義關係。

例 363：曰愛人利人，順天之意，得天之賞者有之；憎人賊人，反天之意，得天之罰者亦有矣。（卷七，天志中第二十七，204）

利：《墨子大詞典》認為在《墨子》中"利"有"有利，利於"義項。（《墨子大詞典》，189）

賊：傷害，殘害。《玉篇·戈部》："賊，伤害人也。"

"利"的"有利，利於"義項和"賊"的"傷害，殘害"義項有反義關係。

## 194. 愛—憎

《墨子》中"愛"出現 265 次。義項分別為：①仁愛，加惠。②對人或事物有很深的感情。③吝惜。④所喜愛的人或東西。

《墨子》中"憎"出現 10 次。用作"憎恨，厭惡"之義。

"愛"的"仁愛，加惠"義項和"憎"的"憎恨，厭惡"義項有反義關係。

例 364：曰愛人利人，順天之意，得天之賞者有之；憎人賊人，反天之意，得天之罰者亦有矣。（卷七，天志中第二十七，204）

愛：仁愛，加惠。《廣雅·釋詁四》："愛，仁也。"《玉篇·夊部》："愛，仁愛也。"

憎：憎恨，厭惡。《說文·心部》："憎，惡也。"

"愛"的"仁愛，加惠"義項和"憎"的"憎恨，厭惡"義項有反義關係。

## 195. 善—凶

《墨子》中"善"出現 211 次。義項分別為：①美好。②善行，好事。③向善，做好事。④認為……是好的。⑤善於，擅長。⑥妥善。⑦表示應諾或贊許。⑧通"繕"，粉飾。⑨年成好。

《墨子》中"凶"出現 18 次。義項分別為：①不吉利，災凶，凶險。②穀物不收，年成不好。③荒年。

"善"的"年成好"義項和"凶"的"年成不好"義項有反義關係。

例365：故時年歲<u>善</u>，則民仁且良；時年歲<u>凶</u>，則民吝且惡。（卷一，七患第五，27）

善：《墨子大詞典》認為在《墨子》中"善"有"年成好"義項。（《墨子大詞典》，270）

凶：《墨子大詞典》認為在《墨子》中"凶"有"穀物不收，年成不好"義項。（《墨子大詞典》，372）

"善"的"年成好"義項和"凶"的"年成不好"義項有反義關係。

## 196．牡—牝

《墨子》中"牡"出現2次。用作"雄性"之義。
《墨子》中"牝"出現1次。用作"雌性"之義。
"牡"與"牝"的詞義具有相對關係。具體為"牡"的"雄性"義項和"牝"的"雌性"義項有反義關係。

例366：聖人有傳，天地也，則曰上下；四時也，則曰陰陽；人情也，則曰男女；禽獸也，則曰<u>牡牝</u>雄雌也。（卷一，辭過第六，37）

牡：雄性。《廣雅·釋獸》："牡，雄也。"
牝：雌性。《說文·牛部》："牝，畜母也。"
"牡"的"雄性"義項和"牝"的"雌性"義項有反義關係。

## 197．張—弛

《墨子》中"張"出現4次。用作"上（緊）弓弦"之義。
《墨子》中"弛"出現1次。用作"放鬆弓弦"之義。
"張"與"弛"在"上（緊）或放鬆弓弦"上構成相反意義。具體為"張"的"上（緊）弓弦"義項和"弛"的"放鬆弓弦"義項有反義關係。

例367：此譬之猶馬駕而不稅，弓<u>張</u>而不<u>弛</u>，無乃非有血氣者之所不能至邪？（卷一，三辯第七，39）

張：上（緊）弓弦。《說文·弓部》："張，施弓弦也。"段玉裁注："張、弛本謂弓施弦、解弦。"

弛：放鬆弓弦。《說文·弓部》："弛，弓解也。"

"張"的"上（緊）弓弦"義項和"弛"的"放鬆弓弦"義項有反義關係。

## 198. 公—私

《墨子》中"公"出現195次。義項分別為：①對諸侯的統稱。②公家的，公眾的。

《墨子》中"私"出現13次。義項分別為：自己的，個人的。②偏私，不公道。③偏愛。

"公"與"私"在"公家或個人的"上構成相反意義。具體為"公"的"公家的，公眾的"義項和"私"的"自己的，個人的"義項有反義關係。

例368：故當是時，以德就列，以官服事，以勞殿賞，量功而分祿，故官無常貴，而民無終賤，有能則舉之，無能則下之，舉公義，辟私怨，此若言之謂也。（卷二，尚賢上第八，47）

公：公家的，公眾的。

私：自己的，個人的。《正字通·禾部》："私，對公而言謂之私。"

"公"的"公家的，公眾的"義項和"私"的"自己的，個人的"義項有反義關係。

## 199. 始—卒

《墨子》中"始"出現30次。義項分別為：①開始。②當初，先前。

《墨子》中"卒"出現70次。義項分別為：①士兵。②動詞，入伍，當兵。③隊伍。④終於，後來。⑤終止，結束。

"始"與"卒"在"先前或後來"這一義位上構成相反意義。具體為"始"的"當初，先前"義項和"卒"的"終於，後來"義項有反義關係。

例369：此何故始賤卒而貴，始貧卒而富？（卷二，尚賢中第九，60）

始：《墨子大詞典》認為在《墨子》中"始"有"當初，先前"義項。（《墨子大詞典》，290）

卒：終於，後來。《孟子·盡心下》："卒為善士。"趙岐注："卒，後也。"

"始"的"當初，先前"義項和"卒"的"終於，後來"義項有反義關係。

## 200. 彼—此

《墨子》中"彼"出現 63 次。義項分別為：①那，那個，那些。②他人。③他，他們。④通"非"，不。⑤指代命題。

《墨子》中"此"出現 574 次。義項分別為：①這，這個，這些。②這，這裡。③這，這是。④這樣。

"彼"與"此"的詞義具有相對關係。具體為"彼"的"那，那個，那些"義項和"此"的"這，這個，這些"義項有反義關係。

例 370：如彼則大厚，如此則大薄，然則葬埋之有節矣。（卷六，節葬下第二十五，189）

彼：那，那個，那些。《玉篇·彳部》："彼者，對此之偁。"

此：這，這個，這些。《爾雅·釋詁下》："茲，此也。"邢昺疏："此者，對彼之偁。言近在是也。"

"彼"的"那，那個，那些"義項和"此"的"這，這個，這些"義項有反義關係。

## 201. 彼—自

《墨子》中"彼"出現 63 次。義項分別為：①那，那個，那些。②他人。③他，他們。④通"非"，不。⑤指代命題。

《墨子》中"自"出現 146 次。義項分別為：①自己。②自我。③自己姓名。④親自。⑤自動，自發。⑥介詞，由，從。

"彼"與"自"的詞義具有相對關係。具體為"彼"的"他人"義項和"自"的"自己"義項有反義關係。

例 371：是故君子自難而易彼，衆人自易而難彼。（卷一，親士第一，2）

彼：《墨子大詞典》認為在《墨子》中"彼"有"他人"義項。（《墨子大詞典》，11）

自：自己。《集韻·至韻》："自，己也。"

"彼"的"他人"義項和"自"的"自己"義項有反義關係。

## 202. 彼—己

《墨子》中"彼"出現 63 次。義項分別為：①那，那個，那些。②他人。③他，他們。④通"非"，不。⑤指代命題。

《墨子》中"己"出現 60 次。義項分別為：自己。

"彼"與"己"的詞義具有相對關係。具體為"彼"的"他人"義項和"己"的"自己"義項有反義關係。

例 372：是故君子自難而易彼，衆人自易而難彼。（卷一，親士第一，2）

例 373：然則，一人說子，一人欲殺子以利己；十人說子，十人欲殺子以利己；天下說子，天下欲殺子以利己。（卷十一，耕柱第四十六，435）

彼：《墨子大詞典》認為在《墨子》中"彼"有"他人"義項。（《墨子大詞典》，11）

己：自己。《玉篇·己部》："己，己身也。"

"彼"的"他人"義項和"己"的"自己"義項有反義關係。

# 第四章 《墨子》反義詞的分類

## 第一節　按詞性標準分類

### 一、形容詞（共 83 對）

夭—壽　重—輕　蚤（早）—晚　大—小　甘—苦
苦—樂　少—多　少—長　長—短　衆—寡
下—上　正—偏　正—誤　逸—勞　達—窮
窮—富　貧—富　遠—近　邇—遠　凶—吉
凶—豐　幾—固　闇—明　同—異　尊—卑
慈—孝　哀—喜　哀—樂　悲—喜　悲—樂
寧—危　安—危　密—疏　親—疏　密—少
寒—暑　寒—熱　定—亂　定—危　亂—治
實—虛　柔—堅　急—緩　直—曲　克—敗
勝—敗　薄—厚　厚—少　怒—喜　幸—否
善—否　否—泰　貴—賤　惡—美
美—醜　愚—智　興—衰　易—難　足—少
是—非　乏—足　繁—寡　疾—緩　良—惡
貪—厭　深—淺　清—濁　溫—清　暖/煖　煥—清
煖—寒　新—舊　強—弱　壯—弱　雄—雌
故—新　拙—巧　燥—濕　飽—飢　廉—貪
顯—辱　榮—辱　善—凶　公—私

### 二、動詞（共 75 對）

亡—昌　亡—得　亡—有（亡通"無"）

亡—存（亡通"無"）　重—輕
重—虧　出—入　進—退　生—死　止—動
來—去　內—外　弗—有　有—無　下—上
下—舉　舉—廢　貧—富　遠—近　迎—順
順—逆　起—止　閉—開　闔—開　問—答
益—損　合—分　合—開　取—舍　取（娶）—嫁
起—坐　坐—立　守—伐　守—攻　通—塞
定—亂　亂—治　廢—立　實—虛　先—後
息—作　息—勞　費—節　貴—賤　賞—罰
尚—下　虧—利　聚—散　惡—愛　學—教
毀—譽　是—非　活—死　禍—福　順—違
得—失　敬—辱　惡—好　始—終　勸—止
勸—沮　勸—畏　抑—舉　暢—塞　懼—喜
北—南　仰—俯　愛—賊　利—賊　愛—憎
牡—牝　張—弛　惡—欲　窕—橫　興—除

## 三、名詞（共63對）

夕—朝　夕—旦　旦—暮　暮—蚤（早）　蚤（早）—夜
夜—夙　晨—暮　白—黑　女—男　來—往
大—小　小—老　內—外　本—末
東—西　有—無　長—幼　少—衆　火—水
水—陸　下—上　天—地　正—反　父—母
日—夜　貧—富　遠—近　冬—夏　春—秋
細—大　君—臣　月—日　方—圓　今—昔
益—害　害—利　父—子　母—子　孰—凶
安—危　宵—旦　先—後　善—暴　妻—夫
夫—婦　女—夫　真—假　兄—弟　早—水
罪—功　前—後　左—右　神—形　禍—福
鰥—寡　始—今　北—南　陽—陰　始—卒
詐—愚　彼—此　彼—自　彼—己

## 第二節　按邏輯標準分類

### 一、邏輯標準

孫常敘首先在《漢語詞彙》中提出了反義詞的分類標準，書中共分兩類：一類是"可以逆用的"，肯定是甲必否定是乙，肯定是乙必否定是甲，否定是甲必肯定是乙，否定是乙必肯定是甲；另一類是"不可逆用的"，肯定是甲必否定是乙，肯定是乙必否定是甲，但否定是甲並不肯定是乙，否定是乙並不肯定是甲[1]。何靄人在孫常敘的基礎上提出"絕對反義詞"和"相對反義詞"兩類，"絕對反義詞"沒有中間性意義，"相對反義詞"有中間性意義存在[30]。之後，高守綱提出三分法：一類是非 A 即 B，一類是非 A 未必 B，一類是 AB 相向，即甲對乙來說稱 A，乙對甲來說稱 B[2]。另外，劉叔新的三分法與高守綱略有區別。但總的說來，三分法還是比較籠統的。楊榮祥主張四分法：一、對立反義詞聚合；二、極性反義詞聚合；三、關係反義詞聚合；四、方向反義詞聚合[3]。

我們參照楊榮祥的分類，將反義詞分為這樣四類：

### （一）互補關係反義詞

具有互補關係的反義詞是指邏輯上相互排斥、相互否定的反義詞。非此即彼，沒有中間過渡狀態。如：有—無。肯定"有"則否定"無"，肯定"無"就否定"有"，否定"有"必肯定"無"，否定"無"必肯定"有"。

### （二）極性關係反義詞

具有極性關係的反義詞是指分別處於一定的語義場中相反的兩個極端的反義詞，有中間狀態存在。如：大—小。肯定"大"，就否定"小"，肯定"小"，就否定"大"；但否定"小"，并不一定就肯定"大"，否定"大"也並不一定肯定"小"，有中間狀態"中"存在。

### （三）相對關係反義詞

具有相對關係的反義詞是指雙方相互作用，互以對方為己方存在的前提

---

[1] 孫常敘. 漢語詞彙[M]. 長春：吉林人民出版社，1956.
[2] 高守綱. 古代漢語詞義通論[M]. 北京：語文出版社，1994.
[3] 楊榮祥.《世說新語》中的反義聚合及其歷史演變[M]. 語言學論叢：24輯. 北京：商務印書館，2001.

的反義詞，沒有中間狀態。有 A 就必須有 B，有 B 必有 A，在意義上各指向對方。如：父—子。

（四）反向關係反義詞

具有反向關係的反義詞是動作方向相反的反義詞。如：来—去。

## 二、分類詞表

（一）互補關係反義詞（共61對）

| 亡—得 | 亡—有 | 亡—存 | 夭—壽 | 始—卒 |
|---|---|---|---|---|
| 生—死 | 止—動 | 弗—有 | 有—無 | 正—偏 |
| 正—誤 | 正—反 | 迎—順 | 順—逆 | 起—止 |
| 幾—固 | 闇—明 | 同—異 | 閉—開 | 闔—開 |
| 今—昔 | 合—分 | 合—開 | 取—舍 | 寧—危 |
| 安—危 | 守—伐 | 守—攻 | 寒—熱 | 寒—暑 |
| 通—塞 | 定—亂 | 定—危 | 亂—治 | 廢—立 |
| 實—虛 | 柔—堅 | 急—緩 | 先—後 | 息—作 |
| 息—勞 | 直—曲 | 克—敗 | 勝—敗 | 真—假 |
| 聚—散 | 是—非 | 貪—厭 | 活—死 | 清—濁 |
| 新—舊 | 禍—福 | 順—違 | 得—失 | 宛—橫 |
| 始—終 | 故—新 | 暢—塞 | 燥—濕 | 張—弛 |
| 公—私 | | | | |

（二）極性關係反義詞（共93對）

| 亡—昌 | 重—輕 | 重—虧 | 出—入 | 進—退 |
|---|---|---|---|---|
| 白—黑 | 大—小 | 小—老 | 甘—苦 | 苦—樂 |
| 本—末 | 少—多 | 少—長 | 少—衆 | 厚—少 |
| 足—少 | 密—少 | 長—幼 | 長—短 | 衆—寡 |
| 下—上 | 下—舉 | 舉—廢 | 達—窮 | 逸—勞 |
| 窮—富 | 貧—富 | 凶—吉 | 凶—豐 | 遠—近 |
| 邇—遠 | 細—大 | 益—害 | 害—利 | 益—損 |
| 尊—卑 | 孰—凶 | 哀—喜 | 哀—樂 | 悲—喜 |
| 悲—樂 | 密—疏 | 親—疏 | 薄—厚 | 怒—喜 |

幸—否　善—否　善—暴　否—泰　費—節
貴—賤　賞—罰　尚—下　虧—利　惡—美
良—惡　惡—愛　惡—欲　惡—好　愚—智
詐—愚　美—醜　興—衰　毀—譽　易—難
罪—功　乏—足　前—後　繁—寡　疾—緩
興—除　深—淺　溫—清　暖/煖/燠—清
煖—寒　強—弱　壯—弱　敬—辱　勸—止
勸—沮　勸—畏　拙—巧　抑—舉　懼—喜
仰—俯　飽—飢　廉—貪　顯—辱　榮—辱
愛—賊　利—賊　愛—憎　善—凶

### (三) 相對關係反義詞（共37對）

男—女　日—夜　宵—旦　夕—朝　夕—旦
旦—暮　暮—蚤（早）　蚤（早）—晚　晨—暮　蚤（早）—夜
夜—夙　火—水　水—陸　冬—夏　春—秋
月—日　問—答　方—圓　父—母　女—夫
旱—水　神—形　雄—雌　鰥—寡　始—今
天—地　牡—牝　陽—陰　彼—此　彼—自
彼—己　父—子　君—臣　母—子　妻—夫
夫—婦　兄—弟

### (四) 反向關係反義詞（共11對）

左—右　來—去　來—往　內—外　東—西
慈—孝　起—坐　坐—立　學—教　取（娶）—嫁
北—南

# 第五章　結　语

  本書以中華書局 2001 年出版的孫詒讓的《墨子閒詁》為底本，對今本《墨子》五十三篇文本中的反義詞進行研究，收詞範圍只限於單音節實詞。首先按照意義標準共找出 202 對單音節實詞反義詞，逐個進行註釋，并考證其反義關係；然後將這些反義詞按詞性和邏輯標準進行分類。本書研究的意義在於：進一步探索適於古漢語反義詞的研究方法，豐富《墨子》語言研究，為研究漢語史和追溯反義詞的發展演變過程提供一定依據和印證。

  本書新意在：（一）意義為一切判定方法之標準。本書贊成以"系聯法"為主，"參照法"為輔，二者結合確認詞的反義關係的判定方法，但我們主張以意義為一切判定方法之標準，意義決定形式，而不是形式決定其意義。本書是在《墨子》全書的範圍內找反義詞，不局限於同一句話里的對舉或連用，也不局限於具體格式。（二）對反義詞進行釋義并考釋其反義關係來源。本書將 202 對單音節實詞反義詞根據具體語境中的具體意義歸納出詞的義項，并說明他們具體在哪個義項上具有反義關係，然後嘗試着對每一對反義詞的反義關係進行考釋，旨在說明其反義關係來源。

  由於時間和篇幅的原因，反義詞釋義或考釋的論證難免有些不足，註釋部分引用的訓詁資料也未標上具體的頁碼。這些都是待改進的地方，待以後補全。

# 附 錄

# 《墨子》反義關係詞條及相關例句簡錄

## 1. 亡—昌

例 1：凡此五者，聖人之所儉節也，小人之所淫佚也。儉節則<u>昌</u>，淫佚則<u>亡</u>，此五者不可不節。（卷一，辭過第六，38）

## 2. 亡—得

例 2：挈，長重者下，短輕者上，上者愈<u>得</u>，下下者愈<u>亡</u>。（卷十，經說下第四十三，369）

## 3. 亡（無）—有

例 3：是與天下之所以察知有與無之道者，必以衆之耳目之實知<u>有</u>與<u>亡</u>爲儀者也。（卷八，明鬼下第三十一，223）

## 4. 亡（無）—存

例 4：爲，<u>存</u>、<u>亡</u>、易、蕩、治、化。（卷十，經上第四十，316）

例 5：身處志往，<u>存亡</u>也。（卷十，經說上第四十二，353）

## 5. 夭—壽

例 6：有強執有命以說議曰："<u>壽夭</u>貧富，安危治亂，固有天命，不可損益。窮達賞罰幸否有極人之知力，不能爲焉。"（卷九，儒下第三十九，290）

例 7：若若是，且夭，非夭也，<u>壽夭</u>也。（卷十一，小取第四十五，419）

## 6. 重—輕

例 8：舉之則<u>輕</u>，廢之則<u>重</u>，非有力也。（卷十，經說下第四十三，361）

例 9：爲欲厚所至私，<u>輕</u>所至<u>重</u>，豈非大姦也哉！（卷九，非儒下第三十九，290）

例 10：臣下<u>重</u>其爵位而不言，近臣則喑，遠臣則唫，怨結於民心，諂諛

在側，善議障塞，則國危矣。（卷一，親士第一，4）

例11：古有亓術者，內不親民，外不約治，以少閒衆，以弱輕強，身死國亡，為天下笑，子亓慎之，恐為身薑。（卷十四，備梯第五十六，542）

例12：天子賞罰不當，聽獄不中，天下疾病禍福，霜露不時，天子必且犓豢其牛羊犬彘，絜為粢盛酒醴，以禱祠祈福於天，我未嘗聞天之禱祈福於天子也，吾以此知天之重且貴於天子也。（卷七，天志下第二十八，210）

例13：刀輕則糴不貴，刀重則糴不易。（卷十，經說下第四十三，373）

例14：厲吾銳卒，慎無使顧，守者重下，攻者輕去。（卷十五，襍守第七十一，620）

例15：是若慶忌無去之心，不能輕出。（卷一，七患第五，29）

7. 重—虧

例16：今又以爭地之故，而反相賊也，然則是虧不足，而重有餘也。（卷五，非攻下第十九，145）

8. 出—入

例17：譖慝之言，無入之耳；批扞之聲，無出之口；殺傷人之孩，無存之心，雖有詆訐之民，無所依矣。（卷一，修身第二，8）

例18：出而還若行縣，必使信人先戒舍室，乃出迎，門守乃入舍。（卷十五，號令第七十，597）

9. 進—退

例19：昔者楚人與越人舟戰於江，楚人順流而進，迎流而退，見利而進，見不利則其退難。（卷十三，魯問第四十九，479）

例20：越王親自鼓其士而進之。士聞鼓音，破碎亂行，蹈火而死者左右百人有餘。越王擊金而退之。（卷四，兼愛中第十五，106）

10. 生—死

例21：今有子先其父死，弟先其兄死者矣，意雖使然，然而天下之陳物，曰先生者先死。若是，則先死者非父則母，非兄而姒也。（卷八，明鬼下第三十一，249）

例22：君子之道也，貧則見廉，富則見義，生則見愛，死則見哀，四行者不可虛假，反之身者也。（卷一，修身第二，9）

例23：故曰以其極賞，以賜無功，虛其府庫，以備車馬衣裘奇怪，苦其

128

役徒，以治宮室觀樂，死又厚爲棺椁，多爲衣裘，<u>生</u>時治臺榭，<u>死</u>又脩墳墓，故民苦於外，府庫單於內，上不厭其樂，下不堪其苦。（卷一，七患第五，29）

### 11. 止－動

例 24：盡，但<u>止動</u>。（卷十，經說上第四十二，340）

### 12. 夕－朝

例 25：趙氏<u>朝</u>亡，我<u>夕</u>從之；趙氏<u>夕</u>亡，我<u>朝</u>從之。（卷五，非攻中第十八，139）

例 26：昔者周公旦<u>朝</u>讀書百篇，<u>夕</u>見漆十士。（卷十二，貴義第四十七，445）

### 13. 夕－旦

例 27：諸門下朝夕立若坐，各令以年少長相次，<u>旦夕</u>就位，先佑有功有能，其餘皆以次立。（卷十五，號令第七十，597）

### 14. 旦－暮

例 28：<u>旦暮</u>以爲教誨乎天下，疑天下之衆，使天下之衆皆疑惑乎鬼神有無之別，是以天下亂。（卷八，明鬼下第三十一，223）

### 15. 暮－早（蚤）

例 29：今惟毋在農夫說樂而聽之，卽必不能<u>蚤</u>出<u>暮</u>入，耕稼樹藝，多聚叔粟，是故叔粟不足。（卷八，非樂上第三十二，259）

例 30：今也農夫之所以<u>蚤</u>出<u>暮</u>入，強乎耕稼樹藝，多聚叔粟，而不敢怠倦者，何也？（卷九，非命下第三十七，283）

### 16. 早（蚤）－晚

例 31：聖王既沒，于民次也，其欲<u>蚤</u>處家者，有所二十年處家；其欲<u>晚</u>處家者，有所四十年處家。（卷六，節用上第二十，162）

例 32：以其<u>蚤</u>與其<u>晚</u>相踐，後聖王之法十年。（卷六，節用上第二十，162）

### 17. 早（蚤）－夜

例 33：使農夫行此，則必不能<u>蚤</u>出<u>夜</u>入，耕稼樹藝。（卷六，節葬下第二十五，175）

### 18. 夜—夙

例34：賢者之長官也，<u>夜</u>寢<u>夙</u>興，收斂關市、山林、澤梁之利，以實官府，是以官府實而財不散。（卷二，尚賢中第九，50）

例35：使百工行此，則必不能修舟車爲器皿矣。使婦人行此，則必不能<u>夙</u>興<u>夜</u>寐，紡績織絍。（卷六，節葬下第二十五，175）

### 19. 晨—暮

例36：<u>晨暮</u>卒歌以為度，用人少易守。（卷十四，備城門第五十二，529）

### 20. 白—黑

例37：今有人於此，少見<u>黑</u>曰黑，多見<u>黑</u>曰<u>白</u>，則以此人不知<u>白黑</u>之辯矣；少嘗苦曰苦，多嘗苦曰甘，則必以此人爲不知甘苦之辯矣。（卷五，非攻上第十七，129）

例38：是賣我者，則豈有以異是賣<u>黑白</u>甘苦之辯者哉！（卷七，天志下第二十八，219）

### 21. 女—男

例39：冬則輕煖，夏則輕清，皆已具矣，必厚作斂於百姓，暴奪民衣食之財，以爲錦繡文采靡曼之衣，鑄金以爲鉤，珠玉以爲珮，<u>女</u>工作文采，<u>男</u>工作刻鏤，以爲身服。（卷一，辭過第六，34）

例40：出則不長弟鄉里，居處無節，出入無度，<u>男女</u>無別。（卷二，尚賢中第九，54）

### 22. 來—去

例41：烽火以舉，輒五鼓傳，又以火屬之，言寇所從<u>來</u>者少多，旦弇還，<u>去來</u>屬次烽勿罷。（卷十五，襍守第七十一，623）

例42：載<u>來</u>見彼王，聿求厥章。（卷二，尚同中第十二，88）

例43：<u>去</u>而之齊，見子墨子曰："衛君以夫子之故，致祿甚厚，設我於卿。石三朝必盡言，而言無行，是以去之也。衛君無乃以石為狂乎？"（卷十一，耕柱第四十六，432）

例44：是故置本不安者，無務豐末；近者不親，無務<u>來</u>遠；親戚不附，無務外交；事無終始，無務多業；舉物而闇，無務博聞。（卷一，修身第二，8）

例45：遣卒候者無過五十人，客至堞<u>去</u>之。（卷十五，號令第七十，612）

### 23．來一往

例46：彭輕生子曰："往者可知，來者不可知。"（卷十三，魯問第四十九，477）

### 24．大一小

例47：權，正也。斷指以存擊，利之中取大，害之中取小也。（卷十一，大取第四十四，404）

例48：夫一道術學業仁義者，皆大以治人，小以任官，遠施周偏，近以脩身，不義不處，非理不行，務興天下之利，曲直周旋，利則止，此君子之道也。（卷九，非儒下第三十九，297）

例49：而今天下之士君子，居處言語皆尚賢，逮至其臨衆發政而治民，莫知尚賢而使能，我以此知天下之士君子，明於小而不明於大也。（卷二，尚賢下第十，66）

### 25．小一老

例50：男子有守者，爵人二級，女子賜錢五千，男女老小先分守者，人賜錢千，復之三歲，無有所與，不租稅。（卷十五，號令第七十，595）

### 26．甘一苦

例51：今有人於此，少見黑曰黑，多見黑曰白，則以此人不知白黑之辯矣；少嘗苦曰苦，多嘗苦曰甘，則必以此人爲不知甘苦之辯矣。（卷五，非攻上第十七，129）

例52：是賁我者，則豈有以異是賁黑白甘苦之辯者哉！（卷七，天志下第二十八，219）

### 27．苦一樂

例53：故曰以其極賞，以賜無功，虛其府庫，以備車馬衣裘奇怪，苦其役徒，以治宮室觀樂，死又厚爲棺椁，多爲衣裳，生時治臺榭，死又脩墳墓，故民苦於外，府庫單於內，上不厭其樂，下不堪其苦。（卷一，七患第五，29）

### 28．內一外

例54：故曰以其極賞，以賜無功，虛其府庫，以備車馬衣裘奇怪，苦其役徒，以治宮室觀樂，死又厚爲棺椁，多爲衣裳，生時治臺榭，死又脩墳墓，故民苦於外，府庫單於內，上不厭其樂，下不堪其苦。（卷五，七患第五，29）

例55：內之不能善事其親戚，外不能善事其君長，惡恭儉而好簡易，貪

飲食而惰從事，衣食之財不足，使身至有饑寒凍餒之憂，必不能曰：我罷不肖，我從事不疾。（卷九，非命中第三十六，276）

例56：是故昔者三代之暴王，不繆其耳目之淫，不慎其心志之辟，<u>外</u>之敺騁田獵畢弋，<u>內</u>沈於酒樂，而不顧其國家百姓之政。（卷九，非命中第三十六，276）

例57：客、主人無得相與言及相藉，客射以書，無得譽，<u>外</u>示<u>內</u>以善，無得應，不從令者，皆斷。（卷十五，號令第七十，605）

例58：有讒人，有利人，有惡人，有善人，有長人，有謀士，有勇士，有巧士，有使士，有<u>內</u>人者，<u>外</u>人者，有善人者，有善門人者，守必察其所以然者，應名乃內之。（卷十五，襍守第七十一，634）

### 29. 本—末

例59：<u>本</u>不固者<u>末</u>必幾，雄而不脩者其後必惰，原濁者流不清，行不信者名必耗。（卷一，修身第二，10）

例60：是故置<u>本</u>不安者，無務豐<u>末</u>；近者不親，無務來遠；親戚不附，無務外交；事無終始，無務多業；舉物而闇，無務博聞。（卷一，修身第二，8）

### 30. 東—西

例61：逢逢白雲，一南一北，一<u>西</u>一<u>東</u>。（卷十一，耕柱第四十六，425）

例62：是以<u>東</u>者越人夾削其壤地，<u>西</u>者齊人兼而有之。（卷五，非攻中第十八，133）

### 31. 弗—有

例63：仁人以其取舍是非之理相告，無故從有故也，<u>弗</u>知從<u>有</u>知也，無辭必服，見善必遷，何故相？（卷九，非儒下第三十九，295）

### 32. 有—無

例64：<u>無</u>不必待<u>有</u>，說在所謂。（卷十，經下第四十一，321）

例65：故，小故，<u>有</u>之不必然，<u>無</u>之必不然。（卷十，經說上第四十二，332）

### 33. 少—多

例66：其為舟車也，全固輕利，可以任重致遠，其為用財<u>少</u>，而為利<u>多</u>，是以民樂而利之。（卷一，辭過第六，36）

34. 少—長

例 67：今有人於此，負粟息於路側，欲起而不能，君子見之，無長少貴賤，必起之。（卷十二，貴義第四十七，447）

35. 少—衆

例 68：爭而不得，不可謂強，義不殺少而殺衆，不可謂知類。（卷十三，公輸第五十，484）

例 69：古有亓術者，內不親民，外不約治，以少閒衆，以弱輕強，身死國亡，為天下笑，子亓慎之，恐為身薑。（卷十四，備梯第五十六，542）

36. 厚—少

例 70：子墨子使管黔潡游高石子於衛，衛君致祿甚厚，設之於卿。（卷十一，耕柱第四十六，432）

例 71：其爲舟車也，全固輕利，可以任重致遠，其爲用財少，而爲利多，是以民樂而利之。（卷一，辭過第六，36）

37. 足—少

例 72：然則土地者，所有餘也，王民者，所不足也。（卷五，非攻中第十八，132）

例 73：其爲舟車也，全固輕利，可以任重致遠，其爲用財少，而爲利多，是以民樂而利之。（卷一，辭過第六，36）

38. 密—少

例 74：然而民不凍餓者何也？其生財密，其用之節也。（卷一，七患第五，28）

例 75：其爲舟車也，全固輕利，可以任重致遠，其爲用財少，而爲利多，是以民樂而利之。（卷一，辭過第六，36）

39. 長—幼

例 76：為長厚，不為幼薄。（卷十一，大取第四十四，405）

40. 長—短

例 77：物，甚長甚短，莫長於是，莫短於是，是之是也，非是也者，莫甚於是。（卷十，經說下第四十三，392）

### 41. 衆—寡

例 78：則食者衆，而耕者寡也。（卷十二，貴義第四十七，440）

### 42. 火—水

例 79：苟有上説之者，勸之以賞譽，威之以刑罰，我以爲人之於就兼相愛交相利也，譬之猶火之就上，水之就下也，不可防止於天下。（卷四，兼愛下第十六，127）

### 43. 水—陸

例 80：曰：舟用之水，車用之陸，君子息其足焉，小人休其肩背焉。（卷八，非樂上第三十二，253）

### 44. 下—上

例 81：苟有上説之者，勸之以賞譽，威之以刑罰，我以爲人之於就兼相愛交相利也，譬之猶火之就上，水之就下也，不可防止於天下。（卷四，兼愛下第十六，127）

例 82：其事上尊天，中事鬼神，下愛人。（卷七，天志上第二十六，195）

例 83：故雖賤人也，上比之農，下比之藥，曾不若一草之本乎？（卷十二，貴義第四十七，441）

例 84：若有美善則歸之上，是以美善在上而所怨謗在下，寧樂在君，憂慼在臣。（卷二，尚賢中第九，53）

例 85：故古者聖王甚尊尚賢而任使能，不黨父兄，不偏貴富，不嬖顔色，賢者舉而上之，富而貴之，以爲官長；不肖者抑而廢之，貧而賤之以爲徒役，是以民皆勸其賞，畏其罰，相率而爲賢。（卷二，尚賢中第九，49）

例 86：因下彭氏之子，不使御。（卷十二，貴義第四十七，442）

例 87：死命爲上，多殺次之，身傷者爲下，又況失列北橈乎哉，罪死無赦。（卷五，非攻下第十九，142）

### 45. 下—舉

例 88：故官無常貴，而民無終賤，有能則舉之，無能則下之，舉公義，辟私怨，此若言之謂也。（卷二，尚賢上第八，46）

例 89：昔伊尹爲莘氏女師僕，使爲庖人，湯得而舉之，立爲三公，使接天下之政，治天下之民。（卷二，尚賢下第十，68）

134

### 46．舉—廢

例 90：舉之則輕，廢之則重，非有力也。（卷十，經說下第四十三，361）

### 47．正—偏

例 91：若言而無義，譬猶立朝夕於員鈞之上也，則雖有巧工，必不能得正焉。（卷九，非命中第三十六，273）

例 92：仗者，兩而勿偏。（卷十，經說上第四十二，350）

### 48．正—誤

例 93：辭之侔也，有所至而正。（卷十一，小取第四十五，416）

例 94：翟聞之："同歸之物，信有誤者。"（卷十二，貴義第四十七，445）

### 49．正—反

例 95：古，兵立反中，志工，正也。（卷十，經說第四十二，350）

### 50．逸—勞

例 96：以此劾大國，則小國之君說，人勞我逸，則我甲兵強。（卷五，非攻下第十九，156）

### 51．達—窮

例 97：窮達賞罰幸否有極人之知力，不能為焉。（卷九，非儒下第三十九，290）

### 52．窮—富

例 98：昔上世之窮民，貪於飲食，惰於從事。（卷九，非命上第三十五，271）

例 99：故天子者，天下之窮貴也，天下之窮富也，故於富且貴者，當天意而不可不順，順天意者，兼相愛，交相利，必得賞。（卷七，天志上第二十六，195）

### 53．貧—富

例 100：君子之道也，貧則見廉，富則見義，生則見愛，死則見哀，四行者不可虛假，反之身者也。（卷一，修身第二，9）

例 101：故古者聖王甚尊尚賢而任使能，不黨父兄，不偏貴富，不嬖顏色，賢者舉而上之，富而貴之，以為官長；不肖者抑而廢之，貧而賤之以為

徒役，是以民皆勸其賞，畏其罰，相率而爲賢。（卷十三，尚賢中第九，49）

例 102：天下之人皆相愛，强不執弱，衆不劫寡，富不侮貧，貴不敖賤，詐不欺愚。（卷四，兼愛中第十五，103）

### 54．遠—近

例 103：進行者先敷近，後敷遠。（卷十，經說下第四十三，384）

例 104：是故置本不安者，無務豐末；近者不親，無務來遠；親戚不附，無務外交；事無終始，無務多業；舉物而闇，無務博聞。（卷一，修身第二，8）

例 105：行者，必先近而後遠。（卷十，經說下第四十三，384）

例 106：望氣者舍必近太守，巫舍必近公社，必敬神之。（卷十五，號令第七十，608）

例 107：遠中，則所鑒小，景亦小。（卷十，經說下第四十三，366）

### 55．邇—遠

例 108：雖天亦不辯貧富、貴賤、遠邇、親疏、賢者舉而尚之，不肖者抑而廢之。（卷二，尚賢中第九，60）

### 56．迎—順

例 109：越人迎流而進，順流而退，見利而進，見不利則其退速，越人因此若執，亟敗楚人。（卷十三，魯問第四十九，479）

### 57．順—逆

例 110：將以識夫愛人利人，順天之意，得天之賞者也。（卷七，天志中第二十七，205）

例 111：此上逆聖王之書，內逆民人孝子之行，而爲上士於天下，此非所以爲上士之道也。（卷八，明鬼下第三十一，250）

### 58．冬—夏

例 112：其爲衣裳何？以爲冬以圉寒，夏以圉暑。（卷六，節用上第二十，159）

### 59．凶—吉

例 113：君子不鏡於水而鏡於人，鏡於水，見面之容，鏡於人，則知吉與凶。（卷五，非攻中第十八，139）

## 60. 凶—豐

例114：今歲凶、民饑、道餓，重其子此疚於隊，其可無察邪？（卷一，七患第五，27）

例115：夫民何常此之有？爲者疾，食者衆，則歲無豐。（卷一，七患第五，28）

## 61. 起—止

例116：弩八，八發而止。（卷十五，迎敵祠第六十八，573）

例117：起於中緣正而長其直也。（卷十，經說下第四十三，367）

## 62. 春—秋

例118：春則廢民耕稼樹藝，秋則廢民穫斂。（卷五，非攻中第十八，130）

例119：其事鬼神也，酒醴粢盛不敢不蠲潔，犧牲不敢不腯肥，珪璧幣帛不敢不中度量，春秋祭祀不敢失時幾，聽獄不敢不中，分財不敢不均，居處不敢怠慢。（卷三，尚同中第十二，83）

## 63. 幾—固

例120：本不固者末必幾，雄而不脩者其後必惰，原濁者流不清，行不信者名必耗。（卷一，修身第二，10）

## 64. 細—大

例121：此吾所謂君子明細而不明大也。（卷七，天志中第二十七，202）

## 65. 臣—君

例122：是故偪臣傷君，諂下傷上。君必有弗弗之臣，上必有詻詻之下。（卷一，親士第一，3）

## 66. 闇—明

例123：是故置本不安者，無務豐末；近者不親，無務來遠；親戚不附，無務外交；事無終始，無務多業；舉物而闇，無務博聞。（卷一，修身第二，8）

例124：凡望氣，有大將氣，有小將氣，有往氣，有來氣，有敗氣，能得明此者可知成敗、吉凶。（卷十五，迎敵祠第六十八，574）

## 67. 月—日

例125：卽此言文王之兼愛天下之博大也，譬之日月兼照天下之無有私

也。(卷四,兼愛下第十六,121)

例 126:<u>日</u><u>月</u>不時,寒暑雜至,五穀焦死。(卷五,非攻下第十九,149)

### 68. 同—異

例 127:夫辯者,將以明是非之分,審治亂之紀,明<u>同</u><u>異</u>之處,察名實之理,處利害,決嫌疑。(卷十一,小取第四十五,415)

例 128:<u>同</u><u>異</u>交得,放有無。(卷十,經上第四十,316)

### 69. 閉—開

例 129:宿鼓在守大門中,莫,令騎若使者操節<u>閉</u>城者,皆以執毚。(卷十五,號令第七十,598)

例 130:晨見掌文,鼓縱行者,諸城門吏各入請籥,<u>開</u>門已,輒復上籥。(卷十五,號令第七十,598)

### 70. 闔—開

例 131:譬之富者有高牆深宮,牆立既,謹上爲鑿一門,有盜人入,<u>闔</u>其自入而求之,盜其無自出。(卷二,尚賢上第八,45)

例 132:晨見掌文,鼓縱行者,諸城門吏各入請籥,<u>開</u>門已,輒復上籥。(卷十五,號令第七十,598)

### 71. 問—答

例 133:諸城門若亭,謹候視往來行者符,符傳疑,若無符,皆詣縣廷言,請<u>問</u>其所使;其有符傳者,善舍官府。其有知識、兄弟欲見之,為召,勿令里巷中。三老、守閭令厲繕夫為<u>答</u>。(卷十五,號令第七十,602)

### 72. 方—圓

例 134:百工爲<u>方</u>以矩,爲<u>圓</u>以規,直以繩,正以縣。(卷一,法儀第四,21)

### 73. 今—昔

例 135:<u>今</u>逮至<u>昔</u>者三代聖王既沒,天下失義,後世之君子,或以厚葬久喪以爲仁也,義也,孝子之事也;或以厚葬久喪以爲非仁義,非孝子之事也。(卷六,節葬下第二十五,170)

例 136:<u>昔</u>上世之窮民,貪於飲食,惰於從事。(卷九,非命上第三十五,271)

例 137：今歲凶、民饑、道餓，重其子此疚於隊，其可無察邪？（卷一，七患第五，27）

### 74．益—害

例 138：執有命者之言曰："命富則富，命貧則貧，命眾則眾，命寡則寡，命治則治，命亂則亂，命壽則壽，命夭則夭，命，雖強勁，何益哉？"（卷九，非命上第三十五，265）

例 139：斷指以存擎，利之中取大，害之中取小也。（卷十一，大取第四十四，404）

### 75．害—利

例 140：斷指以存擎，利之中取大，害之中取小也。（卷十一，大取第四十四，404）

### 76．益—損

例 141：有去大人之好聚珠玉、鳥獸、犬馬，以益衣裳、宮室、甲盾、五兵、舟車之數於數倍乎！（卷六，節用上第二十，161）

例 142：歲饉，則仕者大夫以下皆損祿五分之一。（卷一，七患第五，26）

例 143：壽夭貧富，安危治亂，固有天命，不可損益。（卷九，非儒下第三十九，290）

### 77．合—分

例 144：其三年，周宣王合諸侯而田於圃，田車數百乘，從數千，人滿野。（卷八，明鬼下第三十一，224）

例 145：里中父老小不舉守之事及會計者，分里以為四部，部一長，以苛往來，不以時行、行而有他異者，以得其姦。（卷十五，號令第七十，590）

### 78．合—開

例 146：晨見掌文，鼓縱行者，諸城門吏各入請籥，開門已，輒復上籥。（卷十五，號令第七十，598）

例 147：兩材合而為之輻，輻長二尺，中鑿夫之為道臂，臂長至桓。（卷十四，備城門第五十二，504）

### 79．取—舍

例 148：仁人以其取舍是非之理相告，無故從有故也，弗知從有知也，

無辭必服，見善必遷，何故相？（卷九，非儒下第三十九，295）

### 80. 取（娶）—嫁

例 149：取妻，身迎，祇褍爲僕，秉轡授綏，如仰嚴親，昏禮威儀，如承祭祀。（卷九，非儒下第三十九，288）

例 150：若敗邦鸞室，嫁子無子。（卷十，經說下第四十三，373）

### 81. 父—子

例 151：今有子先其父死，弟先其兄死者矣。（卷八，明鬼下第三十一，249）

### 82. 母—子

例 152：今有負其子而汲者，隊其子於井中，其母必從而道之。（卷一，七患第五，27）

例 153：處室子，子母長少也。（卷十，經說上第四十二，353）

### 83. 父—母

例 154：幼弱孤童之無父母者，有所放依以長其身。（卷四，兼愛下第十六，116）

例 155：若是，則先死者非父則母，非兄而姒也。（卷八，明鬼下第三十一，249）

### 84. 尊—卑

例 156：儒者曰："親親有術，尊賢有等。"言親疏尊卑之異也。（卷九，非儒下第三十九，287）

例 157：若以尊卑爲歲月數，則是尊其妻子與父母同。（卷九，非儒下第三十九，287）

### 85. 孰—凶

例 158：二子事親，或遇孰，或遇凶，其親也相若。（卷十一，大取第四十四，412）

### 86. 慈—孝

例 159：故凡從事此者，寇亂也，盜賊也，不仁不義，不忠不惠，不慈不孝，是故聚斂天下之惡名而加之。（卷七，天志下第二十八，213）

例 160：又與爲人君者之不惠也，臣者之不忠也，父者之不慈也，子者

之不孝也，此又天下之害也。（卷四，兼愛下第十六 114）

### 87．哀—喜

例 161：問於若國之士，孰喜孰懼？（卷二，尚賢下第十，66）

例 162：君子戰雖有陳，而勇爲本焉；喪雖有禮，而哀爲本焉；士雖有學，而行爲本焉。（卷一，修身第二，8）

### 88．哀—樂

例 163：守以令益邑中豪傑力鬪諸有功者，必身行死傷者家以弔哀之，身見死事之後。（卷十五，號令第七十，604）

例 164：子墨子曰："必去六辟。嘿則思，言則誨，動則事，使三者代御，必爲聖人。必去喜，去怒，去樂，去悲，去愛，而用仁義。手足口鼻耳，從事於義，必爲聖人。"（卷十二，貴義第四十七，442）

### 89．悲—喜

例 165：子墨子曰："世俗之君子，貧而謂之富則怒，無義而謂之有義則喜。豈不悖哉？"（卷十一，耕柱第四十六，434）

例 166：子墨子曰："必去六辟。嘿則思，言則誨，動則事，使三者代御，必爲聖人。必去喜，去怒，去樂，去悲，去愛，而用仁義。手足口鼻耳，從事於義，必爲聖人。"（卷十二，貴義第四十七，442）

### 90．悲—樂

例 167：子墨子曰："必去六辟。嘿則思，言則誨，動則事，使三者代御，

必爲聖人。必去喜，去怒，去樂，去悲，去愛，而用仁義。手足口鼻耳，從事於義，必爲聖人。"（卷十二，貴義第四十七，442）

### 91．起—坐

例 168：又曰上士之操喪也，必扶而能起，杖而能行，以此共三年。（卷六，節葬下第二十五，174）

例 169：今士坐而言義，無關梁之難，盜賊之危，此爲信徒，不可勝計，然而不爲。（卷十二，貴義第四十七，447）

### 92．坐—立

例 170：故曰官府選劾，必先祭器祭服，畢藏於府，祝宗有司，畢立於

朝,犧牲不與昔聚羣。(卷八,明鬼下第三十一,237)

例171:諸門下朝夕立若坐,各令以年少長相次,旦夕就位,先佑有功有能,其餘皆以次立。(卷十五,號令第七十,597)

### 93. 寧—危

例172:曰:彼以為強必治,不強必亂;強必寧,不強必危,故不敢怠倦。(卷九,非命下第三十七,283)

### 94. 安—危

例173:又以命為有,貧富壽夭,治亂安危有極矣,不可損益也,為上者行之,必不聽治矣。(卷十二,公孟第四十八,459)

例174:安則示以危,危示以安。(卷十五,襍守第七十一,632)

### 95. 密—疏

例175:三十步置坐侯樓,樓出於堞四尺,廣三尺,廣四尺,板周三面,密傅之,夏蓋亓上。(卷十四,備城門第五十二,516)

例176:疏束樹木,令足以為柴摶,毋前面樹,長丈七尺一以為外面,以柴摶從橫施之,外面以強塗,毋令土漏。(卷十四,備城門第五十二,501)

### 96. 親—疏

例177:言親疏尊卑之異也。(卷九,非儒下第三十九,287)

例178:使親者受內祀,疏者受外祀。(卷八,明鬼下第三十一,235)

### 97. 日—夜

例179:雖日夜相接以治若官,官猶若不治,此其故何也?(卷二,尚賢中第九,56)

### 98. 守—伐

例180:以七患居國,必無社稷;以七患守城,敵至國傾。七患之所當,國必有殃。(卷一,七患第五,25)

例181:今有大國即攻小國,有大家即伐小家,強劫弱,衆暴寡,詐欺愚,貴傲賤,寇亂盜賊並興,不可禁止也。(卷八,非樂上第三十二,253)

### 99. 守—攻

例182:以七患居國,必無社稷;以七患守城,敵至國傾。七患之所當,國必有殃。(卷一,七患第五,25)

例 183：今有大國卽攻小國，有大家卽伐小家，強劫弱，衆暴寡，詐欺愚，貴傲賤，寇亂盜賊並興，不可禁止也。（卷八，非樂上第三十二，253）

### 100. 寒—暑

例 184：曰："冬避寒焉，夏避暑焉，室以為男女之別也。"（卷十二，公孟第四十八，458）

### 101. 寒—熱

例 185：是以天之為寒熱也節，四時調，陰陽雨露也時，五穀孰，六畜遂，疾菑戾疫凶饑則不至。（卷七，天志中第二十七，201）

### 102. 通—塞

例 186：若集客穴，塞之以柴塗，令無可燒版也。（卷十四，備穴第六十二，553）

例 187：橐以牛皮，鑪有兩紙，以橋鼓之百十，每亦熏四十什，然炭杜之，滿鑪而蓋之，毋令氣出。適人疾近五百穴穴高若下，不至吾穴，即以伯鑿而求通之。（卷十四，備穴第六十二，555）

例 188：閣通守舍，相錯穿室。（卷十五，襍守第七十一，630）

### 103. 宵—日

例 189：遝至乎商王紂，天不序其德，祀用失時，兼夜中，十日雨土于薄，九鼎遷止，婦妖宵出，有鬼宵吟，有女為男，天雨肉，棘生乎國道，王兄自縱也。（卷五，非攻下第十九，151）

例 190：雖日夜相接以治若官，官猶若不治，此其故何也？（卷二，尚賢中第九，56）

### 104. 定—亂

例 191：君實欲天下之治而惡其亂也，當為宮室不可不節。（卷一，辭過第六，31）

例 192：且以為若此，則天下之亂，將屬可得而治也，社稷之危也，將屬可得而定也。（卷九，非命下第三十七，278）

例 193：意亦使法其言，用其謀，厚葬久喪實不可以富貧衆寡，定危理亂乎，此非仁非義，非孝子之事也，為人謀者不可不沮也。（卷六，節葬下第二十五，171）

例 194：昔者聖王制為五刑，以治天下，逮至有苗之制五刑，以亂天下。

（卷三，尚同中第十二，84）

### 105．定—危

例 195：且以爲若此，則天下之亂也，將屬可得而治也，社稷之危也，將屬可得而定也。（卷九，非命下第三十七，278）

### 106．亂—治

例 196：君實欲天下之治而惡其亂也，當爲宮室不可不節。（卷一，辭過第六，31）

例 197：曰自貴且智者，爲政乎愚且賤者，則治；自愚賤者，爲政乎貴且智者，則亂。（卷二，尚賢中第九，49）

例 198：將以爲萬民興利除害，富貴貧寡，安危治亂也。（卷三，尚同中第十二，86）

例 199：昔者聖王制爲五刑，以治天下，逮至有苗之制五刑，以亂天下。（卷三，尚同中第十二，84）

例 200：爲人臣者，求之君而不得，不忠臣必且亂其上矣。（卷六，節葬下第二十五，178）

例 201：聖人以治天下爲事者也，必知亂之所自起，焉能治之，不知亂之所

自起，則不能治。（卷四，兼愛上第十四，99）

### 107．廢—立

例 202：故古者聖王甚尊尚賢而任使能，不黨父兄，不偏貴富，不嬖顏色，賢者舉而上之，富而貴之，以爲官長；不肖者抑而廢之，貧而賤之以爲徒役，是以民皆勸其賞，畏其罰，相率而爲賢。（卷二，尚賢中第九，49）

例 203：善無主於心者不留，行莫辯於身者不立。（卷一，修身第二，11）

### 108．實—虛

例 204：是以官府實而財不散。（卷二，尚賢中第九，50）

例 205：先盡民力無用之功，賞賜無能之人，民力盡於無用，財寶虛於待客，三患也；（卷一，七患第五，24）

例 206：譬若築牆然，能築者築，能實壤者實壤，能欣者欣，然後牆成也。（卷十一，耕柱第四十六，427）

例 207：故曰以其極賞，以賜無功，虛其府庫，以備車馬衣裘奇怪，苦

144

其役徒，以治宮室觀樂，死又厚爲棺椁，多爲衣裘，生時治臺榭，死又脩墳墓，故民苦於外，府庫單於內，上不厭其樂，下不堪其苦。（卷一，七患第五，29）

### 109．柔一堅

例 208：烏折用桐，堅柔也。（卷十，經說上第四十二，353）

例 209：伐裾，小大盡本斷之，以十尺爲傳，雜而深埋之，堅築，毋使可拔。（卷十四，備梯第五十六，545）

### 110．急一緩

例 210：外宅粟米、畜產、財物諸可以佐城者，送入城中，事即急，則使積門內。（卷十五，襍守第七十一，622）

例 211：吏不治則亂，農事緩則貧，貧且亂政之本，而儒者以爲道教，是賊天下之人者也。（卷九，非儒下第三十九，291）

例 212：見賢而不急，則緩其君矣。（卷一，親士第一，1）

例 213：緩賢忘士，而能以其國存者，未曾有也。（卷一，親士第一，1）

例 214：務言而緩行，雖辯必不聽；多力而伐功，雖勞必不圖。（卷一，修身第二，10）

例 215：寬以惠，緩易急，民必移。（卷五，非攻下第十九，156）

### 111．先一後

例 216：進行者先敷近，後敷遠。（卷十，經說下第四十三，384）

例 217：今有子先其父死，弟先其兄死者矣。（卷八，明鬼下第三十一，249）

例 218：以其蚤與其晚相踐，後聖王之法十年。（卷六，節用上第二十，162）

例 219：此誣言也，其宗兄守其先宗廟數十年，死喪之其，兄弟之妻奉其先之祭祀弗散，則喪妻子三年，必非以守奉祭祀也。（卷九，非儒下第三十九，290）

例 220：喪師多不可勝數，喪師盡不可勝計，則是鬼神之喪其主后，亦不可勝數。（卷五，非攻中第十八，132）

例 221：故古聖王治天下也，故必先鬼神而後人者此也。（卷八，明鬼下第三十一，237）

### 112. 息—作

例222：邊境兵甲不作矣。（卷七，天志中第二十七，199）

例223：後世稱其德，揚其名，至今不息。（卷十，耕柱第四十六，433）

### 113. 息—勞

例224：是以民無飢而不得食，寒而不得衣，勞而不得息，亂而不得治者。（卷二，尚賢中第九，60）

例225：曰：舟用之水，車用之陸，君子息其足焉，小人休其肩背焉。（卷八，非樂上第三十二，253）

例226：羊黔者將之拙者也，足以勞卒，不足以害城。（卷十四，備高臨第五十三，537）

### 114. 直—曲

例227：其直若矢，其易若底，君子之所履，小人之所視。（卷四，兼愛下第十六，124）

例228：不盡千丈者勿迎也，視敵之居曲，眾少而應之，此守城之大體也。（卷十五，號令第七十，588）

例229：必厚作斂於百姓，暴奪民衣食之財以爲宮室臺榭曲直之望、青黃刻鏤之飾。（卷一，辭過第六，31）

### 115. 克—敗

例230：太上無敗，其次敗而有以成，此之謂用民。（卷一，親士第一，2）

例231：若苟亂，是出戰不克，入守不固。（卷六，節葬下第二十五，179）

### 116. 勝—敗

例232：君子勝不逐奔，揜函弗射，施則助之胥車。（卷九，非儒下第三十九，295）

例233：太上無敗，其次敗而有以成，此之謂用民。（卷一，親士第一，2）

### 117. 薄—厚

例234：令陶者為罌，容四十斗以上，固順之以薄鞈革，置井中，使聰耳者伏罌而聽之，審知穴之所在，鑿穴迎之。（卷十四，備穴第六十二，551）

例235：吏樿桐肯，為鐵錞，厚簡為衡枉。（卷十五，襍守第七十一，633）

### 118. 學—教

例 236：子不學，則人將笑子，故勸子於學。（卷十二，公孟第四十八，462）

例 237：籍設而天下不知耕，教人耕，與不教人耕而獨耕者，其功孰多？（卷十三，魯問第四十九，474）

### 119. 怒—喜

例 238：子墨子曰："必去六辟。嘿則思，言則誨，動則事，使三者代御，必為聖人。必去喜，去怒，去樂，去悲，去愛，而用仁義。手足口鼻耳，從事於義，必為聖人。"（卷十二，貴義第四十七，442）

例 239：子墨子曰："世俗之君子，貧而謂之富則怒，無義而謂之有義則喜。豈不悖哉？"（卷十一，耕柱第四十六，434）

### 120. 幸—否

例 240：窮達賞罰幸否有極，人之知力，不能爲焉。（卷九，非儒下第三十九，291）

### 121. 善—否

例 241：且吾所以知天之愛民之厚者有矣，曰以磨為日月星辰，以昭道之；制為四時春秋冬夏，以紀綱之；雷降雪霜雨露，以長遂五穀麻絲，使民得而財利之；列為山川谿谷，播賦百事，以臨司民之善否；為王公侯伯，使之賞賢而罰暴；賊金木鳥獸，從事乎五穀麻絲，以為民衣食之財。（卷七，天志中第二十七，203）

例 242：去若不善行，學天子之善行，則天下何說以亂哉。（卷三，尚同上第十一，76）

### 122. 善—暴

例 243：何以知賢者之必賞善罰暴也？吾以昔者三代之聖王知之。（卷七，天志下第二十八，211）

例 244：若苟上下不同義，賞譽不足以勸善，而刑罰不足以沮暴。（卷三，尚同中第十二，86）

### 123. 否—泰

例 245：夫建國設都，乃作后王君公，否用泰也，輕大夫師長，否用佚也，維辯使治天均。（卷三，尚同中第十二，86）

### 124. 妻—夫

例 246：內無拘女，外無寡夫，故天下之民眾，當今之君其蓄私也，大國拘女累千，小國累百，是以天下之男多寡無妻，女多拘無夫，男女失時，故民少。（卷一，辭過第六，37）

### 125. 夫—婦

例 247：夫婦節而天地和，風雨節而五穀孰，衣服節而肌膚和。（卷一，辭過第六，38）

例 248：翟慮被堅執銳救諸候之患，盛，然後當一夫之戰，一夫之戰其不御三軍，既可睹矣。（卷十三，魯問第四十九，474）

例 249：遝至乎商王紂，天不序其德，祀用失時，兼夜中，十日雨土于薄，九鼎遷止，婦妖宵出，有鬼宵吟，有女為男，天雨肉，棘生乎國道，王兄自縱也。（卷五，非攻下第十九，151）

### 126. 女—夫

例 250：內無拘女，外無寡夫，故天下之民眾，當今之君其蓄私也，大國拘女累千，小國累百，是以天下之男多寡無妻，女多拘無夫，男女失時，故民少。（卷一，辭過第六，37）

### 127. 費—節

例 251：聖王為政，其發令興事，使民用財也，無不加用而為者，是故用財不費，民德不勞，其興利多矣。（卷六，節用上第二十，159）

例 252：然而民不凍餓者何也？其生財密，其用之節也。（卷一，七患第五，28）

### 128. 貴—賤

例 253：人無幼長貴賤，皆天之臣也。（卷一，法儀第四，23）

例 254：此何故始賤卒而貴，始貧卒而富？（卷二，尚賢中第九，60）

例 255：賈宜，貴賤也。（卷十，經說上第四十二，354）

例 256：又用其賈貴賤、多少賜爵，欲為吏者許之，其不欲為吏，而欲以受賜賞爵祿，若贖出親戚、所知罪人者，以令許之。（卷十五，號令第七十，610）

例 257：譬若欲眾其國之善射御之士者，必將富之，貴之，敬之，譽之，然后國之善射御之士，將可得而眾也。（卷二，尚賢上第八，44）

例 258：故古者聖王甚尊尚賢而任使能，不黨父兄，不偏貴富，不嬖顏色，賢者舉而上之，富而貴之，以爲官長；不肖者抑而廢之，貧而賤之以爲徒役，是以民皆勸其賞，畏其罰，相率而爲賢。（卷二，尚賢中第九，49）

### 129. 賞—罰

例 259：若苟明於民之善非也，則得善人而賞之，得暴人而罰之也。（卷三，尚同下第十三，90）

例 260：窮達賞罰幸否有極，人之知力，不能爲焉。（卷九，非儒下第三十九，291）

### 130. 尚—下

例 261：故當尚同之爲說也，尚用之天子，可以治天下矣；中用之諸侯，可而治其國矣；小用之家君，可而治其家矣。（卷三，尚同下第十三，95）

例 262：其事上尊天，中事鬼神，下愛人。（卷七，天志上第二十六，195）

### 131. 真—假

例 263：真天壤之情，雖有先王不能更也。（卷一，辭過第六，37）

例 264：假必誖，說在不然。（卷十，經下第四十一，321）

### 132. 虧—利

例 265：子自愛不愛父，故虧父而自利；弟自愛不愛兄，故虧兄而自利；臣自愛不愛君，故虧君而自利，此所謂亂也。（卷四，兼愛上第十四，100）

### 133. 聚—散

例 266：秦之西有儀渠之國者，其親戚死，聚柴薪而焚之，燻上，謂之登遐，此上以爲政，下以爲俗，爲而不已，操而不擇，則此豈實仁義之道哉？（卷六，節葬下第二十五，189）

例 267：賢者之長官也，夜寢夙興，收斂關市、山林、澤梁之利，以實官府，是以官府實而財不散。（卷二，尚賢中第九，50）

### 134. 惡—美

例 268：故得士則謀不困，體不勞，名立而功成，美章而惡不生，則由得士也。（卷二，尚賢上第八，48）

### 135. 良—惡

例 269：故時年歲善，則民仁且良；時年歲凶，則民吝且惡。（卷一，七

患第五,27)

### 136. 惡—愛

例 270:天必欲人之相愛相利,而不欲人之相惡相賊也。(卷一,法儀第四,23)

### 137. 惡—欲

例 271:是故子墨子言曰:"今天下之君子,忠實欲天下之富,而惡其貧;欲天下之治,而惡其亂,當兼相愛,交相利,此聖王之法,天下之治道也,不可不務爲也。"(卷四,兼愛中第十五,113)

### 138. 惡—好

例 272:天下莫不欲與其所好,度其所惡。(卷十一,耕柱第四十六,438)

### 139. 愚—智

例 273:曰自貴且智者,爲政乎愚且賤者,則治;自愚賤者,爲政乎貴且智者,則亂。(卷二,尚賢中第九,49)

### 140. 詐—愚

例 274:天下之人皆相愛,强不執弱,衆不劫寡,富不侮貧,貴不敖賤,詐不欺愚。(卷四,兼愛中第十五,103)

### 141. 美—醜

例 275:聚斂天下之美名而加之焉,曰:此仁也,義也。(卷七,天志中第二十七,205)

例 276:聚斂天下之醜名而加之焉,曰此非仁也,非義也。(卷七,天志中第二十七,206)

### 142. 興—衰

例 277:今惟毋在乎婦人說樂而聽之,卽不必能夙興夜寐,紡績織絍,多治麻絲葛緒綑布縿,是故布縿不興。(卷八,非樂上第三十二,259)

例 278:天之行廣而無私,其施厚而不德,其明久而不衰,故聖王法之。(卷一,法儀第四,22)

### 143. 毀—譽

例 279:且翟聞之,為義非避毀就譽。(卷十一,耕柱第四十六,433)

例 280：譽客內毀者，斷。（卷十五，號令第七十，604）

**144．兄—弟**

例 281：且夫天下蓋有不仁不祥者，曰當若子之不事父，弟之不事兄，臣之不事君也。（卷七，天志中第二十七，201）

例 282：內有以食飢息勞，持養其萬民，則君臣上下惠忠，父子弟兄慈孝。（卷七，天志中第二十七，200）

**145．易—難**

例 283：良弓難張，然可以及高入深；良馬難乘，然可以任重致遠；良才難令，然可以致君見尊。（卷一，親士第一，5）

例 284：是以其民儉而易治，其君用財節而易贍也。（卷一，辭過第六，33）

**146．旱—水**

例 285：故民衣食之財，家足以待旱水凶饑者何也？（卷一，辭過第六，33）

例 286：故雖上世之聖王，豈能使五穀常收，而旱水不至哉？（卷一，七患第五，28）

**147．罪—功**

例 287：故雖有賢君，不愛無功之臣，雖有慈父，不愛無益之子。（卷一，親士第一，5）

例 288：以虧人愈多，其不仁茲甚，罪益厚。（卷五，非攻上第十七，128）

**148．是—非**

例 289：故中效，則是也；不中效，則非也，此效也。（卷十一，小取第四十五，416）

例 290：上之所是，必皆是之，所非必皆非之，上有過則規諫之，下有善則傍薦之。（卷三，尚同上第十一，75）

**149．乏—足**

例 291：布粟乏絕，則委之。（卷五，非攻下第十九，156）

例 292：君子不強聽治，即刑政亂；賤人不強從事，即財用不足。（卷八，非樂上第三十二，257）

### 150. 前—後

例293：若有患難，則使百人處於前，數百於後，與婦人數百人處前後，孰安？（卷十二，貴義第四十七，446）

例294：且，自前曰且，自後曰已，方然亦且。（卷十，經說上第四十二，339）

### 151. 繁—寡

例295：故其樂逾繁者，其治逾寡。（卷一，三辯第七，41）

### 152. 疾—緩

例296：卒有驚事，中軍疾擊鼓者三，城上道路、里中巷街，皆無得行，行者斬。（卷十五，號令第七十，591）

例297：務言而緩行，雖辯必不聽；多力而伐功，雖勞必不圖。（卷一，修身第二，10）

### 153. 興—除

例298：子墨子言曰："仁人之事者，必務求興天下之利，除天下之害。"（卷四，兼愛下第十六，113）

### 154. 貪—厭

例299：此六君者所染不當，故國家殘亡，身爲刑戮，宗廟破滅，絕無後類，君臣離散，民人流亡，舉天下之貪暴苛擾者，必稱此六君也。（卷一，所染第三，18）

例300：五穀既收，大喪是隨，子姓皆從，得厭飲食，畢治數喪，足以至矣。（卷九，非儒下第三十九，292）

### 155. 左—右

例301：女子到大軍，令行者男子行左，女子行右，無並行，皆就其守，不從令者斬。（卷十五，號令第七十，591）

例302：左不共于左，右不共于右，若不共命，御非爾馬之政，若不共命。（卷八，明鬼下第三十一，242）

### 156. 深—淺

例303：且應必應，問之時若應，長應有深淺。（卷十，經說下第四十三，377）

例 304：子<u>深</u>其<u>深</u>；<u>淺</u>其<u>淺</u>，益其益，尊其尊。（卷十一，大取第四十四，410）

### 157. 活—死

例 305：暴亂之人也得<u>活</u>，天下害不除，是爲羣殘父母，而深賤世也，不義莫大焉！（卷九，非儒下第三十九，296）

例 306：此四王者，所染不當，故國殘身<u>死</u>，爲天下僇。（卷一，所染第三，14）

### 158. 清—濁

例 307：本不固者末必幾，雄而不脩者其後必惰，原<u>濁</u>者流不<u>清</u>，行不信者名必耗。（卷一，修身第二，10）

### 159. 溫—清

例 308：古之民未知爲衣服時，衣皮帶茭，冬則不輕而<u>溫</u>，夏則不輕而<u>清</u>。（卷一，辭過第六，32）

### 160. 暖/煖/燸—清

例 309：冬則輕<u>燸</u>，夏則輕<u>清</u>，皆已具矣，必厚作斂於百姓，暴奪民衣食之財，以爲錦繡文采靡曼之衣，鑄金以爲鉤，珠玉以爲珮，女工作文采，男工作刻鏤，以爲身服。此非云益<u>燸</u>之情也，單財勞力畢歸之於無用也。以此觀之，其爲衣服，非爲身體，皆爲觀好。（卷一，辭過第六，34）

例 310：冬則練帛之中，足以爲輕且<u>煖</u>；夏則絺綌之中，足以爲輕且<u>清</u>。（卷一，辭過第六，33）

### 161. 煖—寒

例 311：曰彼以爲強必富，不強必貧，強必<u>煖</u>，不強必<u>寒</u>，故不敢怠倦。（卷九，非命下第三十七，284）

### 162. 神—形

例 312：不能爲君者，傷<u>形</u>費<u>神</u>，愁心勞意，然國逾危，身逾辱。（卷一，所染第三，18）

### 163. 新—舊

例 313：所謂古之言服者，皆嘗<u>新</u>矣，而古人言之，服之，則非君子也。（卷九，非儒下第三十九，293）

例 314：葉公子高豈不知善為政者之遠者近也，而<u>舊</u>者<u>新</u>是哉？（卷十一，耕柱第四十六，431）

### 164．禍—福

例 315：自桀紂以下，皆以鬼神為不神明，不能為<u>禍福</u>，執無祥不祥，是以政亂而國危也。（卷十二，公孟第四十八，455）

例 316：為善者<u>富</u>之，為暴者<u>禍</u>之。（卷十二，公孟第四十八，463）王念孫云："富與福同"。

### 165．強—弱

例 317：以此効大國，則小國之君説，人勞我逸，則我甲兵<u>強</u>。（卷五，非攻下第十九，156）

例 318：使人各得其所長，天下事當，鈞其分職，天下事得，皆其所喜，天下事備，<u>強弱</u>有數，天下事具矣。（卷十五，襍守第七十一，622）

### 166．順—違

例 319：聖人者，事無辭也，物無<u>違</u>也，故能爲天下器。（卷一，親士第一，6）

例 320：曰愛人利人，<u>順</u>天之意，得天之賞者有之；憎人賊人，反天之意，得天之罰者亦有矣。（卷七，天志中第二十七，204）

### 167．鰥—寡

例 321：曰羣后之肆在下，明明不常，<u>鰥寡</u>不蓋，德威維威，德明維明。（卷二，尚賢中第九，63）

### 168．壯—弱

例 322：為薪□挈，<u>壯</u>者有挈，<u>弱</u>者有挈，皆稱亓任。（卷十四，備城門第五十二，535）

### 169．雄—雌

例 323：聖人有傳，天地也，則曰上下；四時也，則曰陰陽；人情也，則曰男女；禽獸也，則曰牡牝<u>雄雌</u>也。（卷一，辭過第六，37）

例 324：故唯使<u>雄</u>不耕稼樹藝，<u>雌</u>亦不紡績織紝，衣食之財固已具矣。（卷八，非樂上第三十二，257）

## 170. 得—失

例 325：是故古之知者之爲天下度也，必順慮其義，而後爲之行，是以動則不疑，速通成得其所欲，而順天鬼百姓之利，則知者之道也。（卷五，非攻下第十九，141）

例 326：三代之暴王桀紂幽厲，讎怨行暴，失天下。（卷十三，魯問第四十九，466）

## 171. 敬—辱

例 327：及勇士父母親戚妻子皆時酒肉，必敬之，舍之必近太守。（卷十五，號令第七十，607）

例 328：若大人舉不義之異行，雖得大巧之經，可行於軍旅之事，欲攻伐無罪之國，有之也，君得之，則必用之矣。以廣辟土地，著稅僞材，出必見辱，所攻者不利，而攻者亦不利，是兩不利也。（卷十二，公孟第四十八，450）

## 172. 窕—橫

例 329：是故大用之，治天下不窕，小用之，治一國一家而不橫者，若道之謂也。（卷三，尚同下第十三，96）

## 173. 始—終

例 330：是故置本不安者，無務豐末；近者不親，無務來遠；親戚不附，無務外交；事無終始，無務多業；舉物而闇，無務博聞。（卷一，修身第二，8）

例 331：奪人車馬衣裘以自利者並作，由此始，是以天下亂。（卷八，明鬼下第三十一，222）

例 332：於是泏泏擭羊而漉其血，讀王里國之辭既已終矣，讀中里徼之辭未半也，羊起而觸之，折其腳，祧神之而槁之，殪之盟所。（卷八，明鬼下第三十一，233）

## 174. 始—今

例 333：始也謂此南方，故今也謂此南方。（卷十，經說下第四十三，374）

## 175. 勸—止

例 334：今天下莫爲義，則子如勸我者也，何故止我？（卷十二，貴義第四十七，440）

### 176. 勸—沮

例 335：今天下莫為義，則子如勸我者也，何故止我？（卷十二，貴義第四十七，440）

例 336：意亦使法其言，用其謀，厚葬久喪實不可以富貧眾寡，定危理亂乎，此非仁非義，非孝子之事也，為人謀者不可不沮也。（卷六，節葬下第二十五，171）

例 337：今惟毋以尚賢為政其國家百姓，使國為善者勸，為暴者沮，大以為政於天下，使天下之為善者勸，為暴者沮。（卷二，尚賢下第十，66）

### 177. 勸—畏

例 338：故古者聖王甚尊尚賢而任使能，不黨父兄，不偏貴富，不嬖顏色，賢者舉而上之，富而貴之，以為官長；不肖者抑而廢之，貧而賤之以為徒役，是以民皆勸其賞，畏其罰，相率而為賢。（卷二，尚賢中第九，49）

### 178. 故—新

例 339：公尚過說越王，越王大說，謂公尚過曰："先生苟能使子墨子於越而教寡人，請裂故吳之地，方五百里，以封子墨子。"（卷十三，魯問第四十九，474）

例 340：所謂古之言服者，皆嘗新矣，而古人言之，服之，則非君子也。（卷九，非儒下第三十九，293）

### 179. 拙—巧

例 341：客在城下，因數易其署而無易其養，譽敵：少以為眾，亂以為治，敵攻拙以為巧者，斷。（卷十五，號令第七十，605）

例 342：故所為巧，利於人謂之巧，不利於人謂之拙。（卷十三，魯問第四十九，482）

### 180. 抑—舉

例 343：故古者聖王甚尊尚賢而任使能，不黨父兄，不偏貴富，不嬖顏色，賢者舉而上之，富而貴之，以為官長；不肖者抑而廢之，貧而賤之以為徒役，是以民皆勸其賞，畏其罰，相率而為賢。（卷二，尚賢中第九，49）

### 181. 暢—塞

例 344：暢之四支，接之肌膚，華髮隳顛，而猶弗舍者，其唯聖人乎！（卷一，修身第二，10）

例345：若集客穴，塞之以柴塗，令無可燒版也。（卷十四，備穴第六十二，553）

### 182. 懼—喜

例346：問於若國之士，孰喜孰懼？（卷二，尚賢下第十，65）

### 183. 燥—濕

例347：為卒乾飯，人二斗，以備陰雨，面使積燥處。（卷十四，備城門第五十二，508）

例348：使，令謂，謂也。不必成濕。（卷十，經說上第四十二，348）

### 184. 北—南

例349：逢逢白雲，一南一北，一西一東。（卷十一，耕柱第四十六，426）

例350：南之人不得北，北之人不得南，其色有黑者有白者，何故皆不遂也？（卷十二，貴義第四十七，448）

### 185. 陽—陰

例351：故古者堯舉舜於服澤之陽，授之政，天下平；禹舉益於陰方之中，授之政，九州成，湯舉伊尹於庖廚之中，授之政，其謀得；文王舉閎夭泰顛於置罔之中，授之政，西土服。（卷二，尚賢上第八，48）

例352：昔者堯北教乎八狄，道死，葬蛩山之陰，衣衾三領，榖木之棺，葛以緘之，既犯而後哭，滿埳無封。（卷六，節葬下第二十五，182）

### 186. 天—地

例353：聖人之德，若天之高，若地之普，其有昭於天下也。（卷二，尚賢中第九，64）

### 187. 仰—俯

例354：魯陽文君謂子墨子曰："有語我以忠臣者，令之俯則俯，令之仰則仰，處則靜，呼則應，可謂忠臣乎？"（卷十三，魯問第四十九，471）

### 188. 飽—飢

例355：曰：彼以為強必富，不強必貧；強必飽，不強必飢，故不敢怠倦。（卷九，非命下第三十七，283）

### 189. 廉—貪

例 356：君子之道也，貧則見<u>廉</u>，富則見義，生則見愛，死則見哀，四行者不可虛假，反之身者也。（卷一，修身第二，9）

例 357：今衛君無道，而<u>貪</u>其祿爵，則是我為苟陷人長也。（卷十一，耕柱第四十六，433）

### 190. 顯—辱

例 358：此四王者所染當，故王天下，立為天子，功名蔽天地。舉天下之仁義<u>顯</u>人，必稱此四王者。（卷一，所染第三，12）

例 359：此四王者，所染不當，故國殘身死，為天下僇。舉天下不義<u>辱</u>人，必稱此四王者。（卷一，所染第三，14）

### 191. 榮—辱

例 360：曰：彼以為強必貴，不強必賤；強必<u>榮</u>，不強必<u>辱</u>，故不敢怠倦。（卷九，非命下第三十七，283）

例 361：非獨國有染也，士亦有染。其友皆好仁義，淳謹畏令，則家日益、身日安、名日<u>榮</u>，處官得其理矣，則段干木、禽子、傅說之徒是也。其友皆好矜奮，創作比周，則家日損、身日危、名日<u>辱</u>，處官失其理矣，則子西、易牙、豎刀之徒是也。（卷一，所染第三 19）

### 192. 愛—賊

例 362：家主不相<u>愛</u>則必相篡，人與人不相<u>愛</u>則必相<u>賊</u>，君臣不相愛則不惠忠，父子不相愛則不慈孝，兄弟不相愛則不和調。（卷四，兼愛中第十五 102）

### 193. 利—賊

例 363：曰愛人<u>利</u>人，順天之意，得天之賞者有之；憎人<u>賊</u>人，反天之意，得天之罰者亦有矣。（卷七，天志中第二十七，204）

### 194. 愛—憎

例 364：曰<u>愛</u>人利人，順天之意，得天之賞者有之；<u>憎</u>人賊人，反天之意，得天之罰者亦有矣。（卷七，天志中第二十七，204）

### 195. 善—凶

例 365：故時年歲<u>善</u>，則民仁且良；時年歲<u>凶</u>，則民吝且惡。（卷一，七

患第五，27）

### 196．牡—牝

例 366：聖人有傳，天地也，則曰上下；四時也，則曰陰陽；人情也，則曰男女；禽獸也，則曰牡牝雄雌也。（卷一，辭過第六，37）

### 197．張—弛

例 367：此譬之猶馬駕而不稅，弓張而不弛，無乃非有血氣者之所不能至邪？（卷一，三辯第七，39）

### 198．公—私

例 368：故當是時，以德就列，以官服事，以勞殿賞，量功而分祿，故官無常貴，而民無終賤，有能則舉之，無能則下之，舉公義，辟私怨，此若言之謂也。（卷二，尚賢上第八，47）

### 199．始—卒

例 369：此何故始賤卒而貴，始貧卒而富？（卷二，尚賢中第九，60）

### 200．彼—此

例 370：如彼則大厚，如此則大薄，然則葬埋之有節矣。（卷六，節葬下第二十五，189）

### 201．彼—自

例 371：是故君子自難而易彼，眾人自易而難彼。（卷一，親士第一，2）

### 202．彼—己

例 372：是故君子自難而易彼，眾人自易而難彼。（卷一，親士第一，2）

例 373：然則，一人說子，一人欲殺子以利己；十人說子，十人欲殺子以利己；天下說子，天下欲殺子以利己。（卷十一，耕柱第四十六，435）

# 參考文獻

[1] 〔漢〕班固. 漢書[M]. 顏師古，注. 北京：中華書局，1962.

[2] 陳建初.《列子》反義詞綜論[J]. 古漢語研究，1991（4）.

[3] 陳克守. 論《墨子》的修辭[J]. 齊魯學刊，2000（6）.

[4] 陳年福. 甲骨文動詞詞彙研究[M]. 成都：巴蜀書社，2001.

[5] 〔宋〕陳彭年，等. 宋本廣韻[M]. 南京：江蘇教育出版社，2005.

[6] 陳偉武. 甲骨文反義詞研究[J]. 中山大學學報，1996（3）.

[7] 陳雪梅.《列子》反義詞研究[D]. 長沙：湖南師範大學，2002.

[8] 陳雅麗. 論《墨子》中的同義複詞[J]. 西北第二民族學院學報（哲學社會科學版），2001（2）.

[9] 〔宋〕丁度. 集韻[M]. 北京：北京市中國書店，1983.

[10] 〔清〕段玉裁. 說文解字注[M]. 影印本. 上海：上海古籍出版社，1981.

[11] 高步瀛. 文選李注義疏[M]. 北京：中華書局，1985.

[12] 高鴻縉. 中國字例[M]. 臺北：臺灣三民書局，2008.

[13] 高守綱. 古代漢語詞義通論[M]. 北京：語文出版社，1994.

[14] 〔漢〕顧實. 漢書藝文志講疏[M]. 上海：上海古籍出版社，2009.

[15] 〔梁〕顧野王. 玉篇[M]. 北京：中華書局，1998.

[16] 郭健. 金文反義詞的運用[J]. 廣州師範學院學報，1996（2）.

[17] 郭倫.《周易》單音節實詞反義詞研究[D]. 石家莊：河北師範大學，2008.

[18] 〔清〕郭慶藩. 莊子集釋[M]. 北京：中華書局，1997.

[19] 〔金〕韓孝彥. 成化丁亥重刊改併五音類聚四聲篇海[M]. 濟南：齊魯書社，2009.

[20] 何靄人. 普通話詞義[M]. 上海：新知識出版社，1957.

[21] 何九盈，蔣紹愚. 古漢語詞彙講話[M]. 北京：北京出版社，1980.

[22] 何寧. 淮南子集釋[M]. 北京：中華書局，1998.

[23] 〔魏〕何晏. 論語集解[M]. 影印本. 北京：中華書局，1990.

[24] 〔清〕胡承珙. 小爾雅義證[M]. 上海：上海古籍出版社，1996.

[25] 胡春生．賈誼《新書》反義詞及《漢語大詞典》相關條目研究[D]．湘潭：湘潭大學，2006．

[26] 〔東漢〕許慎．說文解字[M]．北京：中華書局，1999．

[27] 許威漢．二十世紀的漢語詞彙學[M]．太原：山西人民出版社，2000．

[28] 許維遹．呂氏春秋集釋[M]．北京：中華書局，2009．

[29] 〔宋〕黃公紹．古今韻會舉要[M]．北京：中華書局，2007．

[30] 黃懷信．鶡冠子匯校集注[M]．北京：中華書局，2004．

[31] 黃輝．《左傳》反義詞探析[D]．呼和浩特：內蒙古大學，2004．

[32] 黃巧玲．《黃帝内经》反義詞研究[D]．長沙：湖南師範大學，2006．

[33] 黃仁鈺．簡論《墨子》中排比的運用[J]．江淮論壇，1988（6）．

[34] 黃運明．甲骨刻辭的反義詞探討[J]．江西教育學院學報，2000（5）．

[35] 〔唐〕賈公彥，等．儀禮疏[M]．影印本．北京：中華書局，1980．

[36] 〔唐〕賈公彥，等．周禮疏[M]．影印本．北京：中華書局，1980．

[37] 蔣紹愚．古漢語詞彙綱要[M]．北京：北京大學出版社，1989．

[38] 〔唐〕孔穎達，等．毛詩正義[M]．影印本．北京：中華書局，1980．

[39] 〔唐〕孔穎達，等．周易正義[M]．影印本．北京：中華書局，1980．

[40] 〔唐〕孔穎達．春秋左傳正義[M]．影印本．北京：中華書局，1980．

[41] 李海英．《墨子》中的"侔"[J]．修辭學習，2001（4）．

[42] 李娜．《抱樸子》反義詞研究[D]．濟南：山東師範大學，2003．

[43] 李琦．《墨子》代詞研究[D]．北京：首都師範大學，2008．

[44] 李琦．試論"之"在《墨子》中的用法[J]．山西財經大學學報，2008（2）．

[45] 李永芳．《荀子》單音節反義詞研究[D]．長春：吉林大學，2006．

[46] 李漁叔．墨子今注今譯[M]．臺北：臺灣商務印書館，1974．

[47] 李占平．《莊子》單音節實詞反義關係研究[D]．成都：四川大學，2004．

[48] 李占平．古漢語專書詞彙研究中反義關係的確定方法[J]．西南師範大學學報，2004，30（1）．

[49] 廖揚敏．《老子》專書反義詞研究[D]．成都：四川大學，2003．

[50] 劉叔新．漢語描寫詞彙學[M]．北京：商務印書館，1995．

[51] 盧弼．三國志集解[M]．影印本．北京：中華書局，1982．

[52] 盧甲文．單音節反義詞的分類和運用[J]．語言學論叢，1981（8）．

[53] 〔宋〕毛晃．增修互註禮部韻略[M]．〔宋〕毛居正，重增．臺北：臺灣商務印書館，1983．

[54] 毛遠明.《左傳》詞彙研究[M].重慶：西南師範大學出版社，1999.
[55] 〔明〕梅應祚.字彙[M].影印本.上海：上海辭書出版社，1991.
[56] 〔宋〕歐陽修，宋祁.新唐書[M].北京：中華書局，1975.
[57] 皮佳佳.《墨子》動詞配價研究[D].長沙：湖南師範大學，2005.
[58] 亓文香.《墨子》中"以"字結構用法淺析[J].濟寧師範專科學校學報，2005（5）.
[59] 錢光.《墨子》"是"字用法調查[J].西南師範大學學報（哲學社會科學版），1988（5）.
[60] 錢光.《墨子》複音詞初探[J].甘肅社會科學，1992（1）.
[61] 秦彥士.《墨子》的修辭藝術和人物描寫[J].四川師範大學學報，1990（1）.
[62] 邱峰.《颜氏家訓》反義詞研究[D].濟南：曲阜師范大學，2006.
[63] 饒尚寬.先秦單音反義詞簡論[J].新疆師範大學學報，1994（8）.
[64] 石安石，詹人鳳.反義詞聚合的共性、類別及不均衡性[J].語言學論叢，1983（10）.
[65] 石毓智.同義詞和反義詞的區別和聯繫[J].漢語學習，1992（1）.
[66] 〔唐〕釋慧琳，〔遼〕釋希麟[M].正續一切經音義[M].上海：上海古籍出版社，1986.
[67] 〔漢〕司馬遷.史記[M].北京：中華書局，1982.
[68] 〔明〕宋濂.洪武正韻[M].〔明〕楊時偉補帴.濟南：齊魯書社，2009.
[69] 〔明〕宋濂.篇海類編[M].上海：上海古籍出版社，1996.
[70] 宋永培.《說文》對反義同義同源關係的表述與探討[J].河北師範大學學報，1992（4）.
[71] 孫常敘.漢語詞彙[M].長春：吉林人民出版社，1956.
[72] 〔宋〕孫奭，等.孟子正義[M].影印本.北京：中華書局，1980.
[73] 孫武.十一家注孫子校理[M].北京：中華書局，1999.
[74] 〔清〕孫希旦撰.禮記集解[M].北京：中華書局，1989.
[75] 〔清〕孫星衍.尚書今古文注疏[M].陳抗，盛冬鈴，點校.北京：中華書局，1986.
[76] 〔清〕孫詒讓.墨子閒詁[M].孫啟治，點校.北京：中華書局，2001.
[77] 譚達人.略論反義相成詞[J].語文研究，1989（1）.
[78] 唐瑛.《墨子》同義形容詞研究[J].寧夏大學學報（人文社會科學版），2005（6）.

[79] 唐瑛．《墨子》形容詞研究[D]．重慶：西南師範大學，2003．

[80] 唐瑛．《墨子》顏色形容詞研究[J]．渝西學院學報，2002．

[81] 〔魏〕王弼．老子注[M]．北京：中華書局，1978．

[82] 王冰．《論衡》單音節反義詞研究[D]．長春：吉林大學，2005．

[83] 〔清〕王念孫．廣雅疏證[M]．影印本．北京：中華書局，1983．

[84] 〔清〕王先謙．後漢書集解[M]．影印本．北京：中華書局，1984．

[85] 〔清〕王先謙．釋名疏證補[M]．影印本．上海：上海古籍出版社，1984．

[86] 〔清〕王先謙．荀子集解[M]．北京：中華書局，1978．

[87] 〔清〕王先慎．韓非子集解[M]．北京：中華書局，1978．

[88] 王裕安，孫卓彩，郭震旦．墨子大詞典[M]．濟南：山東大學出版社，2006．

[89] 魏建功．同義詞和反義詞[J]．語文學習，1956（11）．

[90] 吳毓江．墨子校注[M]．孫啟治，點校．北京：中華書局，1993．

[91] 武丹丹．《墨子》通假字音關係研究[D]．蘭州：蘭州大學，2008．

[92] 蕭魯陽．論墨子方言研究的意義[J]．中州學刊，2004．

[93] 蕭魯陽．墨子元典校理與方言研究[M]．西安：西安地圖出版社，2003．

[94] 〔宋〕邢昺．爾雅疏[M]．影印本．北京：中華書局，1980．

[95] 徐朝華．上古汉语词汇史[M]．北京：商务印书馆，2003．

[96] 〔唐〕徐彥．公羊傳疏[M]．影印本．北京：中華書局，1980．

[97] 徐元誥．國語集解[M]．北京：中華書局，1925．

[98] 徐仲舒．漢語大字典[M]．武漢：湖北辭書出版社，成都：成都辭書出版社，2009．

[99] 楊伯峻．春秋左傳注[M]．北京：中華書局，1981．

[100] 楊建軍．《三國志》常用反義詞研究[D]．成都：四川師範大學，2004．

[101] 楊榮祥．《世說新語》中的反義聚合及其歷史演變[M]．語言學論叢：24輯．北京：商務印書館，2001．

[102] 于江．《荀子》反義詞研究[D]．蘭州：西北師範大學，2005．

[103] 張拱貴．反義詞及其在構詞上和修辭上的作用[J]．中國語文，1957（8）．

[104] 張樹芹．《韓非子》反義形容詞研究[D]．石家莊：河北師範大學，2007．

[105] 張雙棣．《呂氏春秋》詞彙研究[M]．濟南：山東教育出版社，1989．

[106] 〔明〕張自烈．正字通[M]．濟南：齊魯書社，2009．

[107] 趙華．《莊子》反義詞研究[D]．濟南：山東師範大學，2000．

[108] 趙克勤．古代漢語詞彙學[M]．北京：商務印書館，1994．

[109] 趙克勤. 古漢語反義詞淺論[J]. 語文研究，1986（3）.

[110] 周日建，王小莘.《顏氏家訓》詞彙語法研究[M]. 廣州：廣東人民出版社，1998.

[111] 周祖謨. 同音詞同義詞和反義詞[J]. 語文學習，1956（5）.

[112] 朱淑媛.《史記》單音節反義詞研究[D]. 呼和浩特：內蒙古大學，2008.

[113]〔宋〕朱熹. 楚辭集注[M]. 上海：上海古籍出版社，1979.

[114] 諸祖耿. 戰國策集注彙考[M]. 南京：江蘇古籍出版社，1985.

[115] 左文燕. 殷墟甲骨文反義詞研究[D]. 北京：首都師範大學，2002.